中央高校基本科研业务费专项资金资助(DUT14RW204)
辽宁省社会科学规划基金资助 (L15WSZ007)

国家高新区创新能力结构模式研究

方玉梅／著

科学出版社
北京

图书在版编目（CIP）数据

国家高新区创新能力结构模式研究/方玉梅著. —北京：科学出版社，2016.4
ISBN 978-7-03-047649-4

Ⅰ.①国… Ⅱ.①方… Ⅲ.①高技术开发区-经济建设-研究-中国 Ⅳ.①F127.9

中国版本图书馆 CIP 数据核字（2016）第 049104 号

责任编辑：石 卉 张翠霞/责任校对：郑金红
责任印制：徐晓晨/封面设计：无极书装
联系电话：010-64035853
电子邮箱：houjunlin@mail.sciencep.com

科学出版社 出版
北京东黄城根北街 16 号
邮政编码：100717
http://www.sciencep.com
北京厚诚则铭印刷科技有限公司 印刷
科学出版社发行 各地新华书店经销

*

2016 年 4 月第 一 版　　开本：720×1000 1/16
2020 年 11 月第四次印刷　印张：12 1/2
字数：252 000
定价：68.00 元
（如有印装质量问题，我社负责调换）

前言

创建高新区是世界各国或地区发展高新技术产业、提升科技实力的一种有效制度安排。我国国家高新区经过20多年的发展，目前开始进入实施创新驱动发展战略的第三次创业阶段，亟须探索提升创新能力的实现路径。基于此，本书针对创新能力研究重即成能力分析、轻机理研究和重评价排序、轻对策设计的缺欠，试图在已有研究成果的基础上，探寻影响我国国家高新区创新能力形成的关键性决定因素，构建国家高新区创新能力解构理论模型，阐明国家高新区创新能力形成机理，设计国家高新区创新能力评价指标体系，评析我国国家高新区创新能力发展现状，基于创新能力结构特点对我国国家高新区进行分类并找出各类国家高新区创新能力形成的路径模式与基本条件，探寻各类国家高新区创新能力提升的潜在优势与制约因素，提出我国各类国家高新区创新能力提升的差异化对策建议，从而为我国各类国家高新区成功实施创新驱动发展战略提供参考。

1. 研究目的

一是构建国家高新区创新能力解构理论模型，为科学评价我国国家高新区创新能力提供理论支撑。作为世界各国和地区有效促进产学研相结合、发展高新技术产业的特殊区域，高新区比一般区域呈现出更多的特色制度安排，更强的产业、技术专业化，更高频率的创新，更明显的网络集成创新性。毋庸置疑，我国国家高新区创新能力的形成与发展相对一般区域而言，有其自身的特殊规律。为此，本书立足国内外相关理论研究和实践探索的已有成果，通过对我国国家高新区创新发展路径及其实现机制、创新体系运行机理的研究，探寻影响我国国家高新区创新能力形成的关键因素，构建我国国家高新区创新能力解构四维理论模型。

二是在对我国国家高新区创新能力评价的基础上，基于能力结构对我国典型国家高新区进行分类，提出各类国家高新区创新能力提升的差异化对策建议，为相关政府部门制定国家高新区分类指导政策提供依据。在高新区创新能力评价研究方面，学界普遍重评价排序，而在一定程度上忽略了评价是为了找出隐藏在数据和排序背后的研究对象的本质特征，以及在对其进行分类的基础上提出相应对策的最终目的。在正式启动第三次创业的背景下，我国国家高新区作为承载发展高新技术产业、率先实施创新驱动发展战略重要使命的"国家队"，其创新能力现状如何？怎样进一步提升其创新能力、促其顺利实现由主要靠要素驱动、外资驱动的低端发展模式向创新驱动的高端发展模式转变的战略转型？本书在对我国国家高新区创新能力现状进行评价的基础上，依据各国家高新区创新能力结构特点对其进行分类；针对我国各类国家高新区创新能力结构特点，找出其创新能力形成的路径模式与基本条件，探寻其创新能力提升的潜在优势与制约因素，提出我国各类国家高新区创新能力提升的差异化对策建议，为相关部门决策提供参考。

2. 主要研究方法

（1）归纳分析与比较分析相结合的方法。在本书研究工作开展的过程中，首要的工作就是搜集、查阅大量的国内外有关区域创新能力、高新区创新能力、高新区发展问题等文献资料，进行深入、细致的梳理，总结前人研究的成果、发现其研究的不足，确定本书研究的核心问题；其次，通过对国内外典型高新区创新发展经验比较分析，探寻我国国家高新区创新发展路径与实现机制；最后，通过对我国国家高新区创新能力的实证分析，归纳总结我国国家高新区创新能力典型结构模式，探寻各类国家高新区创新能力的差异化形成模式与形成条件。

（2）规范分析与实证分析相结合的方法。本书研究基于对我国国家高新区创新能力评价的能力结构模式，最终目的是探寻我国国家高新区创新能力形成机理，通过构建我国国家高新区创新能力解构四维理论模型，并在对我国国家高新区创新能力进行评价的基础上，对我国典型国家高新区创新能力结构模式进行分类，将能力结构与形成模式进一步匹配，探寻各类国家高新区创新能力形成的路径模式与基本实现条件，分析各类构建高新区创新能力提升的潜在优势与制约因素，为我国相关政府部门制定国家高新区分类指导政策提供现实依据。因此，规范分析和实证分析相结合的方法是本书使用的最基本方法。

（3）系统综合与系统分析的方法。国家高新区创新能力是个综合的系统，各能力要素之间相互促进、相互制约，是各创新能力要素的创造性集成，并非各单项创新能力的简单叠加，而创新系统又是国家高新区创新能力形成的重要理论基础。因此，系统综合和系统分析的方法是研究我国国家高新区创新系统和创新能力形成机理、构建国家高新区创新能力解构理论模型和评价指标体系、对国家高新区创新能力结构模式进行科学分类的基本方法。

3. 结构安排

（1）结合美国硅谷、中国台湾新竹、印度班加罗尔和北京中关村等国内外典型高新区创新发展实践，借鉴产业集群生命周期、国家竞争优势发展阶段、空间经济学、社会网络及全球价值链等理论，从创新能力培育与成长视角将我国国家高新区创新发展阶段划分为贸易-加工、制造-研发、研发-创业和创业-品牌四个阶段，进而阐释我国国家高新区创新发展的多样化阶段-路径模式，提出我国国家高新区创新发展的创新驱动、集群发展、网络协同和环境保障四大关键实现机制。

（2）立足创新能力形成的组织载体——创新体系理论，阐析我国国家高新区创新体系的系统环境、系统要素、系统网络、系统绩效四大组成部分及其运行机理，借鉴FP&S和M&J两大国家创新能力理论模型，将创新活动条件因素和组织运行因素引入创新能力研究领域，构建以组织运行能力为核心的国家高新区创新能力解构四维理论模型，阐明国家高新区创新能力形成机理，明晰影响我国国家高新区创新能力形成的关键性决定因素及其相互作用关系。

（3）依据国家高新区创新能力解构四维理论模型构建评价指标体系，并运用熵值法对我国53个国家高新区创新能力现状进行评价。结果表明，我国国家高新区创新能力总体较弱，且存巨大差异；各分项能力指数除环境支撑能力略好外，其余各分项指标均较弱，尤其是组织运行能力。由此可见，我国国家高新区尚未摆脱经济增长偏好和依赖外资项目引进的传统发展模式，网络组织协同创新体系远未形成。

（4）在对17个典型国家高新区创新能力结构特点进行剖析的基础上，提炼出我国国家高新区的三种典型能力结构模式（组织协调型、环境支撑型、产业驱动型），并结合三种典型国家高新区的创新资源条件与组织运行特征，将其创新发展的能力结构与形成模式进一步匹配，归纳总结出三种典型模式国家高新区创新能力形成的路径模式与基本条件。

（5）依据各类国家高新区创新能力的结构特点，结合我国国家高新区创新发展实际，解析三类国家高新区创新能力提升的潜在优势与制约因素，并结合各类国家高新区创新能力形成的基本路径与条件，提出各类国家高新区创新能力提升的差异化对策，为相关部门制定国家高新区分类指导政策提供参考。

目录

前言

第1章　绪论···1
    1.1　问题的提出与研究意义··2
    1.2　国家高新区创新能力相关研究评述···7
    1.3　基本思路与内容安排···18

第2章　我国国家高新区创新发展路径与实现机制·······································22
    2.1　国家高新区创新发展相关概念界定···23
    2.2　国内外高新区创新发展的典型案例与启示···26
    2.3　国家高新区创新发展路径···33
    2.4　国家高新区创新发展实现机制··46
    2.5　小结···53

第3章　我国国家高新区创新能力解构四维理论模型··································55
    3.1　国家高新区创新能力内涵及基本特征··56

3.2 模型构建的理论基础 ………………………………………… 59
　　3.3 模型构建 ……………………………………………………… 72
　　3.4 小结 …………………………………………………………… 80

第 4 章 我国国家高新区创新能力评价 ………………………………… 81
　　4.1 评价指标体系 ………………………………………………… 82
　　4.2 评价方案 ……………………………………………………… 93
　　4.3 评价结果 …………………………………………………… 100
　　4.4 小结 ………………………………………………………… 108

第 5 章 我国国家高新区创新能力结构模式 ………………………… 110
　　5.1 结构模式类型划分 ………………………………………… 111
　　5.2 三种典型模式比较 ………………………………………… 116
　　5.3 三种典型模式形成路径与形成条件 ……………………… 119
　　5.4 小结 ………………………………………………………… 135

第 6 章 我国国家高新区创新能力提升对策 ………………………… 138
　　6.1 组织协调型国家高新区创新能力提升对策 ……………… 139
　　6.2 环境支撑型国家高新区创新能力提升对策 ……………… 152
　　6.3 产业驱动型国家高新区创新能力提升对策 ……………… 161
　　6.4 小结 ………………………………………………………… 168

第 7 章 结论与展望 …………………………………………………… 170

参考文献 ………………………………………………………………… 178

后记 ……………………………………………………………………… 187

第1章 绪　论

世界经济史表明，世界经济的发展就是靠创新引领、驱动的。实施创新驱动发展战略，是我国加快转变经济发展方式、破解经济发展深层次矛盾和问题、增强经济发展内生动力和活力的根本措施，是立足全局、面向未来的重大战略举措。我国国家高新区作为推动科技进步、加速科技成果产业化的主战场和战略基地，承担着实施创新驱动发展战略的重大历史责任与使命。探寻我国国家高新区创新能力形成机理，进一步加强国家高新区创新能力评价的指标体系与分类功能研究，具有非常重要的国家战略意义。

1.1 问题的提出与研究意义

创建高新区是世界各国或地区发展高新技术产业、提升科技实力的一种有效制度安排。我国国家高新区经过20多年的发展，已开始进入实施创新驱动发展战略的第三次创业阶段，亟须探索提升创新能力的实现路径。

1.1.1 问题的提出

1. 建立科技园是世界各国提升科技实力的一种有效制度安排

传统经济学认为，科技进步只是一种市场现象，企业采用这种技术而不采用那种技术，仅仅是基于简单的成本收益分析而作出的选择。事实上，任何科技创新活动都不是在真空中发生的，而是在很大程度上依赖于一定的制度安排和制度创新，需要一定的空间载体。无论从科技发展史来看，还是从科技创新活动的过程和特点来看，科技创新都更多地表现为一种制度现象，科技创新实力的提升是有效制度安排的结果。

科技园作为20世纪世界各国或地区推进科技产业化、提升科技创新实力的重要制度安排，自诞生之日起便对各国推广高新技术及其产业发展、促进科技成果转化、加快创新进程，以及提升区域乃至国家自主创新能力方面起着不可替代的作用。特别是美国硅谷的成功，"使世界各地的'崇拜者'尊其为创新者创业和创业者创新的乐园"[1]。硅谷模式也由此成为世界各国或地区纷纷效仿的对象，世界各地的科技园区如雨后春笋般迅速发展壮大起来。世界各地科技园区的发展实践表明，科技园区的发展推动了整个世界科技革命和技术的创新与进步，发展成功的科技园区成为引领区域、国家乃至世界科技创新与发展的典范，无论是美国的硅谷，还是中国台湾的新竹，抑或是印度的班加罗尔,都已经雄辩地证明了这一点。因此,建立科技园区、加快高新技术产业发展,业已成为世界各主要国家和地区提升产业竞争力的战略选择。

2. 我国国家高新区已开始进入实施创新驱动发展战略的第三次创业阶段

21世纪全球经济的深刻变革,正诱使新一轮科技革命和产业革命的形成,创新驱动是大势所趋,科学技术越来越成为推动经济社会发展的主导力量,这与中国加快转变经济发展方式形成了历史性的交汇。正是在这种背景下,党的十八大作出了实施创新驱动发展战略的重大部署。国家高新区作为中国经济转型升级的一个重要空间载体,是国家经济转型的前沿,承担着从要素驱动向创新驱动转型的功能与重要使命。根据科技部副部长曹健林2013年11月8日在武汉召开的第十届国家高新区主任联席会议上的讲话,以全国105个国家级高新区和苏州工业园区发表《国家高新区率先实施创新驱动发展战略共同宣言》为标志,国家高新区第三次创业正式开始[2]。国家高新区率先实施创新驱动发展战略,国家高新区的发展开始进入一个新的转折点。

3. 我国国家高新区亟须探索提升自主创新能力的实现路径

近年来,作为中国科技创新发展引擎的国家高新区正集体遭遇"成长的烦恼"。自2008年国际金融危机以来,发达国家纷纷提出以发展新兴产业、振兴制造业为核心的"再工业化"战略,一部分制造业跨国公司开始向发达国家本土回流,中国高新区过去那种以吸引产业转移为主的发展方式难以为继,需要开始全面转向自主创新的发展模式。可以说,国家高新区通过20多年的发展与积累,集聚了大量的创新要素,涌现出了一大批具有较强竞争力的企业和产业集群,相对于其他区域而言,更具创新活力和能力,且资源配置更优化,但自主创新能力不强依然是高新区发展之痛。"我国多数高新区处于以引进外来项目为主导的低端层次,高新区普遍缺乏自主创新能力和原生性高端产业"[3]，具有"高经济增长与低技术创新"[4]的显著特征，国家高新区的发展出现了功能的异化和偏离[5]。《国家高新技术产业开发区"十二五"发展规划纲要》也明确指出，国家高新区的发展虽然取得了显著的发展成就，但仍然存在一些问题，诸如"自主创新能力不强，特别是能够引领产业发展的原始性创新和集成创新成果不够多；又强又大的企业偏少；高新技术产业竞争力偏弱，真正处于高端和全球主导权的产业偏少……"[6]。

1.1.2 国家高新区创新能力研究意义

鉴于目前学界对高新区创新能力研究的相对欠缺，在我国国家高新区率先实施创新驱动发展战略、开启第三次创业浪潮的背景下，深化对我国国家高新区创新能力的评价与分类研究，具有重要的理论价值和实践意义。

1. 理论意义

（1）进一步丰富国家高新区创新能力基础理论研究，为区域层面的创新能力分析和评价研究提供理论参考。从国内外研究现状来看，高新区创新理论研究较为薄弱，目前学界对高新区创新能力的评价研究，几乎都是基于国家创新理论和区域创新理论而开展的。尽管国家创新理论、区域创新理论也可以为高新区的创新发展提供一定的宏观指导，但国家创新理论主要是在国家层面研究科技与经济结合问题并为国家增强创新竞争力提供理论指导的，层次较高；而区域创新理论研究的边界界定问题尚存较大争议，难以有效支撑高新区的创新发展。更何况，国家创新理论和区域创新理论的发展也面临着如何与实践接轨的问题，即使理论落地生根，尚缺乏明确的思路和切实可操作的手段，其系统绩效难以有效发挥出来，美好的理论构想难以变为现实。我国国家高新区的迅速崛起，为国家创新理论与区域创新理论的发展提供了一个新的思路，即国家高新区可以作为其理论实践的物理空间和有效载体，但国家高新区作为一个创新发展的特殊区域，又有其自身特殊的运行规律，这就为本书的研究留下了较大的探索空间。

本书立足国内外典型高新区创新发展实践，借鉴高新区发展理论、产业集群演化理论、全球价值链理论、创新体系理论等，以我国国家高新区创新发展路径与实现机制研究为切入点，从创新体系理论视角探寻影响我国国家高新区创新能力形成的关键性决定因素，将创新活动条件因素和组织运行因素引入创新能力研究领域，构建我国国家高新区创新能力解构四维理论模型，阐明我国国家高新区创新能力形成机理，在一定程度上弥补学界对高新区创新能力形成机理研究的欠缺，为分析和评价我国国家高新区创新能力以及区域层面的创新能力提供理论参考。

（2）进一步完善国家高新区创新能力评价指标体系研究，为科学评价国家高新区创新能力提供理论参考。在高新区创新能力评价指标体系研究方面，尽管有较多学者以环境为基础支撑，从投入-产出的角度考察园区创新能力问题，但较少研究在特定的环境下投入如何转化为产出，其内在决定性因素有哪些。尽管个别学者专题研究了区域技术创新能力的形成机理，但在其构建的形成机理模型中并未对各创新能力要素之间的相互作用关系加以探讨，且采用了数学线性结构方程加以描述。很显然，各创新能力要素之间应是相互作用的非线性关系。因此，在评价指标体系设计上，大都按照系统环境-投入-产出-绩效的思路来构建，尽管有个别学者开始引入协同能力指标，但仅仅是点-点的线性协同，并非网络协同，尚不足以充分反映要素间的相互作用机理，从而使评价结果的实用价值在一定程度上打了折扣。本书立足高新区创新能力形成四维理论模型，构建以组织运行能力为核心的高新区创新能力评价指标体系，为科学评价高新区创新能力提供理论支撑。

（3）进一步加强国家高新区创新能力评价的分类功能研究，为国家高新区创新能力提升的分类指导提供理论参考。在高新区创新能力评价研究方面，学界普遍存在以排序为目的的根本缺陷，本书加强高新区创新能力评价的分类功能研究。在对我国国家高新区创新能力现状进行评价的基础上，深入挖掘隐藏在数据背后的大量潜在信息，找出隐藏在数据和排序背后的研究对象的本质特征，即基于创新能力结构特点对我国典型国家高新区进行分类，探寻各类典型国家高新区创新能力形成的路径模式和基本条件，为我国国家高新区创新能力提升的分类指导提供理论参考。

2. 实践意义

（1）为国家高新区第三次创业与战略转型提供理论参考。在实施创新驱动发展战略、开启第三次创业的背景下，国家高新区作为承载发展高新技术产业、率先实施创新驱动发展战略重要使命的"国家队"，其创新能力提升问题，以及其由主要靠要素驱动、外资驱动的低端发展模式向创新驱动的高端发展模式转变的战略转型问题具有非常重要的国家战略意义。本书所构建的国家高新区创新能力解构四维理论模型，以及据此构建的国家高新区创新能力评价指标体系和基于能力结构的国家高新区创新能力结构模式，可以为我国国家高新区的创新能力提升及其创新发展的战略转型提供理论参考。

（2）为国家高新区创新能力提升提供对策参考。我国国家高新区创新能力总体水平比较低，目前正集体面临发展转型和成长的烦恼。因此，本书在对我国53个国家高新区创新能力进行科学评价、分类的基础上，依据各类国家高新区创新能力结构特点，探寻各类国家高新区创新能力形成的路径模式和基本条件，明晰各类国家高新区创新能力提升的潜在优势与制约因素，提出我国各类国家高新区创新能力提升的差异化对策建议，为我国各类国家高新区第三次创业与战略转型提供对策参考。

1.2 国家高新区创新能力相关研究评述

尽管世界上最早的高新区产生于 20 世纪 50 年代，但是对于高新区发展的研究从 20 世纪 70 年代末 80 年代初才起步，且对高新区的称谓各国也不尽相同，如科技园、科学园、技术城、高技术产业区等。学界早期的研究主要集中在硅谷、128 公路等美国科技园区上。最近十多年，高新区的创新能力和引领作用得到了普遍认可，在促进高新技术产业化、增强地区乃至国家国际竞争力方面的作用突出。为此，学界对高新区创新能力的相关研究也越来越重视，提出了许多可供我们参考和借鉴的研究成果。

1.2.1 高新区创新能力研究

关于高新区创新能力国外学界没有直接相关研究。通过 CNKI 学术趋势搜索发现，中国学界对高新区创新能力、科技园区创新能力的关注分别始于 2006 年和 2007 年（图 1-1），截至 2015 年 8 月 10 日，有关高新区创新能力和科技园区创新能力的学术论文共计 37 篇。很显然，这种理论研究程度与目前我国国家高新区的发展实际及其所担负的历史使命是很不相称的，当前开启的国家高新区第三次创业理论支撑明显不足。国内学界有关高新区创新能力的研究，主要集中在如下几个方面。

1. 高新区创新能力内涵、结构

高新区创新能力作为区域创新能力中一种独特的表现形式，有其特定的内涵和特征。尽管学界对高新区创新能力内涵的界定还较欠缺，但也不乏一些具有深度的研究。例如，吴林海从熊彼特关于创新即"生产要素新组合"视角，将科技园区创新能力界定为众多不同创新行为主体广泛参与和相互作用，

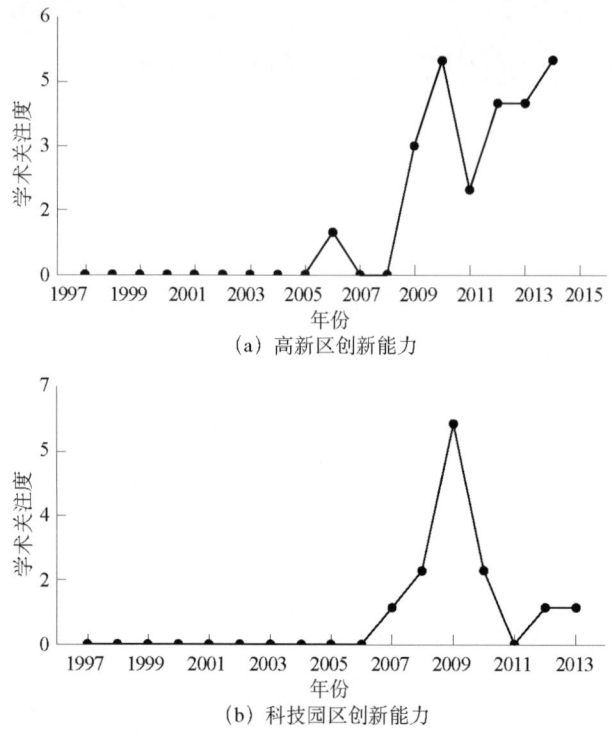

图 1-1 高新区创新能力、科技园区创新能力学术关注度走势

并对创新资源进行创造性组合而形成的园区高技术产业竞争能力,具有网络性、集成性、显示性等鲜明特征[7];范柏乃从促进经济增长视角,对高新区技术创新能力进行了界定,指出高新区技术创新能力是以增强高新区经济增长原动力为目标,充分发挥园区内各创新行为主体的创新积极性,对创新资源进行高效配置,将创新构想转化为新产品、新服务的能力[8];张克俊和唐琼则从创新活动过程视角,对高新区自主创新能力内涵进行了界定[9]。

在高新区创新能力结构研究方面,只有吴林海及张克俊和唐琼进行了探索。吴林海依据集成创新理论,将高新区创新能力分解为技术创新能力(核心要素)、支撑创新能力(基础要素)和制度创新能力(保障要素)三个部分[7]。张克俊和唐琼则将高新区自主创新能力分解为企业自主创新能力（基础）和集群自主创新能力（关键）两个部分[9]。

2. 高新区创新能力培育路径

高新区创新能力是一个时间变量，并非一开始就具备，也要经历一个从无到有、由弱变强的成长过程。把握高新区创新能力的成长路径，是培育和提升高新区创新能力的重要依据。吴林海认为高新区创新能力的形成与持续提高是通过不断提升创新过程中的创新资源集成度而实现的[7]。王峰提出了基于"项目-产业-国家高新区"的自主创新能力培育演化路径[10]。张克俊和唐琼依据方玉梅提出的"环境支撑→要素聚集→组织结网、运行→能力形成"的高新区创新能力演进路径，提出了"创新环境营造→创新要素、创新组织聚集→创新组织结网化运行→创新能力形成"的高新区自主创新能力生成路径[9]。

3. 高新区创新能力评价指标体系构建

构建评价指标体系是对高新区创新能力进行科学评价的基础和前提。吴林海依据集成创新理论和高新区创新能力三元结构模型，构建了由技术创新能力、制度创新能力和支撑创新能力3项一级指标、12项二级指标和40项三级指标构成的高新区创新能力评价指标体系[7]；范柏乃在对高新区技术创新能力内涵界定的基础上，结合文献调查，构建了创新投入、创新活动过程和创新产出三个层面16项指标的高新区技术创新能力评价指标体系[8]；闫国庆等结合国家高新区特点，确定了创新投入、创新服务、创新环境和创新绩效四个层面由42项指标组成的国家高新区创新水平测度指标体系[11]；王峰依据高新区的创新路径（项目-产业-国家高新区）与创新模式，借鉴高新区及高技术的各种评价指标体系，构建了包含创新资源能力水平、创新支撑环境水平、创新转化水平3项一级指标、6项二级指标和16项三级指标的国家高新区自主创新能力评价指标体系[10]；肖永红等借鉴创新能力评价指标体系研究成果，从创新投入、孵化能力和创新产出三个层面构建了包含13项指标的高新区创新能力评价指标体系[12]；吴友军等借鉴已有区域创新能力评价指标及高新区创新能力评价指标，基于高新区构成要素特点，构建了包括企业自主创新能力、高新区集群学习能力、创新孵化能力和创新支撑能力4项一级指标、11项二级指标、23项三级指标的高新区创新能力评价指标体系[13]。

4. 高新区创新能力评价方法

在高新区创新能力评价方法的运用上，目前学界主要是从主观和客观两个方面对高新区创新能力进行评价的。在基于主观的分析方法上，学者们主要采用的是层次分析方法，如吴林海[7]、肖永红等[12]都是运用层次分析方法对国家高新区创新能力进行评价的，闫国庆等[11]运用层次分析方法对国家高新区的创新水平进行了评价；在基于客观的分析方法上，学者们主要运用的是因子分析法或主成分分析法和数据包络分析法，如范柏乃[8]运用因子分析法对我国52个高新区的技术创新能力进行了评价。近些年来，也有个别学者将上述方法组合使用，如王峰运用主成分分析法和数据包络法对我国53个国家高新区的自主创新能力进行了评价[10]。

5. 高新区创新能力提升路径或对策

关于高新区创新能力提升路径或对策，学界也从不同视角开展了研究。例如，杜海东和严中华从社会资本视角，从理论和实践两个层面提出了广东高新区要通过培育园区创新网络来提高其创新能力[14]；张克俊提出了基于产业集群-创新系统-高新区耦合互动框架提高自主创新能力建设创新型园区的实现路径[15]；肖永红等则认为，在高新区的发展中应加大对创新的投入，因为创新投入对高新区创新能力具有决定性作用[12]。

1.2.2　高新区创新系统研究

高新区创新系统作为高新区创新能力形成、累积和提升的重要基础,学界给予了较高的关注,取得了较多的研究成果。归纳总结起来,学界主要从高新区创新系统的内涵、重要性、系统构成及其相互作用关系、绩效评价及建设对策等几个方面进行了研究。

1. 高新区创新系统的内涵

关于高新区创新系统内涵,夏亚民、张冀新都从国家自主创新战略和对国家高新区的战略定位出发,分别对国家高新区自主创新系统和国家高新区创新系统进行了界定。夏亚民强调了国家高新区自主创新系统是创新主体自主创新活动所形成的创新综合体[16]。张冀新则从微观和宏观两个层面对国家高新区创新体系进行了界定,微观层面的国家高新区创新体系指的就是各个国家高新区的创新体系,宏观层面的国家高新区创新体系则是指整个国家高新区的创新体系[17]。张克俊和唐琼则从自主的本质出发,对国家高新区自主创新系统进行了界定。他们强调指出,高新区自主创新的关键是本土化的自主创新企业,否则就不能成其为高新区自主创新系统[9]。解佳龙和胡树华则从战略基点、地域范围、系统功能、系统运转四个方面,对国家高新区创新系统的基本内涵进行了界定[18]。

2. 高新区创新系统的重要性

关于高新区创新系统的重要性,卡斯特利斯(M.Castells)和霍尔(P. Hall)通过对意大利科技园区的实证分析,从科技园区成功建立的工业化、区域发展和协同创造三种动机视角,对创新系统的重要性进行了阐述[19]。克里切利(L.Cricelli)等以罗马地区的拉齐奥科技园区为例,试图证明科技园区的网络式发展可以实现商业领域和科学领域的共生[20]。杨芷海等学者通过对中国台湾新竹科学工业园区内外新技术公司研发投资效率的对比研究，认为由于科技园可以为区内企业与研究机构之间提供一个集聚效应和联系，所以园区内的新技术公司的研发效率更高[21]。常袁杰等学者以中国台湾新竹科学工业园区为例，研究了组织网络对产业集群企业创新绩效的影响，结果表明产业集群企业的创新绩效不仅得益于园区的产业集群网络，而且也得益于国内外网络，因此，政策应鼓励产业集群建立地方、国家和全球合作伙伴之间的共生创新网络[22]。巴西莱（A.Basile）通过对意大利15个科技园区的调查发现，网络协作和创新活动之间存在着动态联系，科技园区为跨组织创新系统中的所有企业和代理商都提供了良好的链接[23]。

3. 高新区创新系统的构成及其相互作用关系

关于高新区创新系统的构成及相互作用关系，学界从多个视角进行了阐释。李琳等从产业集群视角，构建了由主体创新网络分系统、支持创新网络分系统两个主要分系统构成的高新区创新系统，主体创新网络分系统由核心创新网络（由供应商、竞争企业、用户和相关企业四要素构成）、次核心创新网络（由大学和研究机构要素构成）两层子网络构成，支持创新网络由中介服务机构、金融服务机构和地方政府三要素构成[24]。

夏亚民从功能视角对高新区创新系统构成及相互作用关系进行了研究，认为国家高新区自主创新系统是由四个圈层结构构成的，由内向外依次是自主创新机理子系统、自主创新内容子系统、自主创新参与主体子系统、自主创新外部链接子系统，其中，机理子系统是核心层，内容子系统是基本方向，参与主体子系统是组织者、领导者和参与者，外部链接子系统是与外部其他系统连接的耦合系统[16]。

朱东和珍妮弗·坦恩（Jennifer Tann）[25]、孙万松[26]、王峰[10]、张冀新[17]、解佳龙和胡树华[18]、金贺民[27]从要素构成视角对高新区创新系统构成及相互作用关系进行了研究。朱东和珍妮弗·坦恩认为北京中关村是一个由高科技企业家/企业、科研机构、支持禀赋、政府和中介服务机构五大基本要素构成的小型区域创新系统,并强调了系统内部各要素之间的相互作用及知识流动[25]。孙万松认为高新区自主创新的主体包括政府、企业、大学、科研机构、中介服务机构和金融服务机构,且在特定的时空范围里,只有实现官、产、学、研、介、资"六位一体"的战略联盟式互动,并与不同的资源因子、环境因子、品牌因子和文化因子发生重组和配置,自主创新水平才能达到最优[26]。王峰将高新区自主创新体系划分为内部与外部两大体系,其中,内部体系是高新区自主创新的立足生命源,它由高科技企业、政府组织机构、大学等研究和培训性科研机构、金融服务组织和中介服务机构等主体要素构成;外部体系由制度与法律法规等辅助完成创新的支撑要素构成[10]。张冀新则将高新区创新体系分为园区内外创新主体要素、创新功能要素和创新环境要素三个部分[17]。解佳龙和胡树华将国家高新区创新系统分为创新投入、创新主体、创新内容、创新产出的4个子系统、12个要素,指出各要素间具有反向牵引、要素协同、循环反馈、功能转换四大运行机理[18]。金贺民认为韩国忠清南道科技园是由企业、大学、研究机构、政府和商业服务机构构成的一个协同创新网络[27]。

郭丕斌、文志雄(Wen Chi Hung)则通过实证方法对高新区系统构成及其相互作用关系进行了分析。郭丕斌利用结构方程建模验证了高新区创新系统的层次性特征,研究结果表明高新区创新系统可分为创新环境、产业集群和创新型企业三个子系统,产业集群作为中间层次的独立性显著成立[28]。文志雄利用文献计量学方法,对中国台湾新竹科学工业园区企业与大学之间共同发表的论文数量进行了统计,结果表明中国台湾新竹科学工业园区和大学之间的合作已经变得越来越普遍;但从共同申请专利、专利引文和非专利参考文献方面来看,技术合作创新需要加强[29]。

欧光军和孙骞则根据区域创新系统的结构通过类比构建了高新区协同创新系统的结构。他们认为，高新区协同创新系统包括协同创新知识支持系统、协同创新主体系统、协同创新政策支持系统和协同创新产出系统四个子系统[30]。

4. 高新区创新系统的绩效评价及建设对策

关于高新区创新系统绩效的评价，约翰·菲利莫尔（John Phillimore）认为，对澳大利亚科技园区大学和企业之间的相互作用及其创新能力特别是技术创新的产生的评价，使用非线性模型比使用线性模型对科技园区进行评价更科学[31]。曾喜兴（Sai-Xing Zeng）等学者创建了一套由创新组织子系统（IOSS）、创新支持子系统（ISSS）、创新环境子系统（IESS）三部分构成的测量高新区创新能力的评价系统，并以青岛高新区（1994~2008年）为例对该评价系统进行了实证检验，结果显示由该评价系统阐释的演化规律与青岛高新区的实际演化过程相一致，由此证明该评价系统对于高新区的发展具有很好的解释性[32]。谢永琴针对我国高新区重视区外企业迁入而忽视区内行为主体之间的密切合作，导致区内企业技术创新动力减退、衍生能力衰退、创新机会大大降低、产业"空心化"等现象，从网络意识、政府作用、中介组织作用、区内行为主体联结等方面提出了应对措施[33]。

此外，李永周等[34]、张冀新[17]等学者还对高新区创新系统的运行机制进行了分析。李永周等从知识流动视角剖析了国家高新区网络组织的区域集聚创新机理和发展机制[34]；张冀新则从创新主体视角对国家高新区创新主体的运行机制进行了分析，他认为，创新主体的运行机制主要包括依托主体的市场导向与竞争效应、创新联结与技术倾向、网络与协调效应三个方面[17]。刘志春和陈向东从创新生态体系视角，从创新态、势、流三个方面对我国高新区创新生态系统进行了分析，指出我国高新区的创新生态水平与创新效率之间存在正相关关系[35]。

1.2.3 高新区发展评价研究

关于高新区创新能力，国外并没有直接的相关研究，但在高新区发展评价方面的研究成果却在一定程度上揭示了高新区创新发展的一些本质特征。罗杰斯（E.M.Rogers）和拉森（J.K.Larsen）是最早涉及高新区评价研究领域的学者，他们运用定性分析方法对美国硅谷形成"凝聚经济效应"的条件进行了分析[36]。这种分析方法尽管并不能对高新区的发展作出全面、科学的评价，但却对后来的人们对高新区发展的进一步研究具有较大的开创性启示意义。综观现有文献资料，国外学界主要从成功因素和区位条件两大方面展开了对高新区发展评价的研究。

成功因素方面，萨克森宁（A.Saxenian）通过研究认为美国硅谷之所以比128公路有更好的创新绩效，关键因素在于制度环境和社会文化，硅谷具有更强的区域根植性[37]。鲁格（Luger）和高德斯（Goldstein）在《科学园区里的技术》一书中，提出科学园区的成功因素包括：有成为研发和高技术活动的基地，有良好的环境、基础设施和商业服务，有从事科研活动的大学、工程学院和医学院，有远见的企业、科学和政治的领导者[38]。在美国，还存在另外一种评价科技园区运行情况的指标体系，包括科研人员的流动性、科研与公司转化中心及其相互之间的组织、风险资本的流动性、在母子公司发展中企业家精神的发挥、地方政府支持程度、园区设施和环境质量、公司和园区的国际开放程度[38]。此外，桑（Sang）则强调政府应在科技园区创建和发展的全过程给予支持和鼓励[39]。林嘉丽（Chia-Li Lin）和曾国雄（Gwo-Hshiung Tzeng）通过对中国台湾内湖科技园和新竹科学工业园区的分析比较，认为科学的发展战略和操作模式对科技园区的提升具有重要意义[40]。

区位条件方面，布鲁诺（A.V.Bruno）和狄波基（T.T.Tyebjee）研究认为，对科技园高技术企业具有巨大影响的因子包括靠近大学、优惠的政府政策、有经验的企业家、熟练的技术工人、便捷充足的供应、易得的土地和设施、便捷的交通、临近市场、风险资本、解放的思想、具有吸引力的生活和繁荣的服务业等12个[38]。美国学者马立基（Malechi）和尼卡波（Nijkamp）认为科技园区的特殊区位条件应包括：具有新技术活动苗床的研发机构、政府对新公司研发活动的支持程度、具有空间差异的风险资本、对新公司廉价的房地产市场、熟练的高素质劳动力、刺激和鼓励企业家的环境[38]。保罗·韦斯特海德（Paul Westhead）和斯蒂芬·巴斯滕（Stephen Batstone）则通过对英国科技园区内外高技术公司的对比研究发现，影响高技术公司是否选择建立在科技园区有6个最关键因素，它们分别是科技园区所在地的全局效果和声望、便利的交通、信息的交流、停车设施、所花费的成本、位于当地[41]。陈明辉等从创新策略整体视角对中国台湾科技园区的知识共享、社会资本与园区科技企业绩效之间的关系进行了检验，结果表明通过合作、内部研发和外包三个策略可以更好地协同知识共享与社会资本以影响公司绩效[42]。达尼洛·利贝拉蒂等（Danilo Liberati）在对意大利银行2012年春季对意大利科技园区调查结果分析的基础上，指出科技园区与公共研发机构具有物理临近的特点，且位于科技园区内的企业经营绩效通常要好于非园区企业[43]。

此外，美国硅谷网络公司于1999年还构建了一套由5项一级指标、15项二级指标和66项三级指标构成的硅谷评价指标体系，并且每年都根据新指标出版年度的硅谷指数（Index of Silicon Valley）以衡量硅谷的经济实力及其健康状况[44]。

1.2.4 研究现状评析

综上所述，国内外学者在高新区发展区位条件、成功因素、发展综合评价、高新区创新系统及高新区创新能力等方面进行了许多可贵的探索，为本书的研究工作提供了丰富的思想素材和坚实的理论基础，但也还存在一些局限，为本书的研究提供了较大施展空间。现将前人在高新区创新能力、高新区创新系统等方面研究的局限总结如下。

在高新区创新能力评价的基础理论研究方面，国内外学者尚未给予足够重视。现有各类文献中，国内外关于高新区创新能力的研究，多注重即成能力分析、轻能力形成机理研究。在高新区创新能力内涵界定上也尚未统一、明确，其构成要素、指标体系、定量评价等方面的研究也是仁者见仁、智者见智，研究的角度和侧重点不一，导致评价结果差异很大。在创新能力结构模式等基础问题上尚存许多空白，与现实结合也还需进一步深化。

在高新区创新能力评价指标体系构建方面，尚存进一步完善的空间。一是从评价指标的选取方法来看，多数学者采用的是综合法，即在搜集已有相关指标（包括区域创新能力指标、高新区发展评价指标等）的基础上，根据自己研究的需要，遴选一些指标，构建评价指标体系。二是指标体系构建多是从投入-产出视角选取高新区创新能力的评价指标，缺少对园区组织运行机理的考量，且在创新产出指标选取上，明显存在以经济产出指标替代科技产出指标、偏好经济总量和经济增长指标的问题。指标体系科学与否，直接关乎评价结果的可信度。尽管评价指标体系的构建与高新区发展阶段密切相关，加之现有统计数据的局限，不可能一次性得到一个科学、完善的指标体系，但我们也不能忽略其导向性而降低水准，也应尽可能地反映高新区创新能力成长的本质。

在高新区创新能力评价功能方面，现有评价的根本缺陷就是以排序为目的，而在一定程度上却忽略了评价的重要功能是分类进而提出相应解决对策的最终目的。评价是为了找出隐藏在数据和排序背后的研究对象的本质特征，并在对其进行分类的基础上,挖掘出隐藏在数据和排序背后的大量潜在信息,进而提出相应的对策,以供相关决策部门参考。

为此,本书立足我国国家高新区创新发展路径与实现机制、创新体系运行机理,构建国家高新区创新能力解构四维理论模型,阐明国家高新区创新能力形成机理,设计国家高新区创新能力评价指标体系,并在对我国国家高新区创新能力进行评价的基础上,基于能力结构对我国国家高新区进行分类,找出各类国家高新区创新能力形成的路径模式与基本条件,探求各类国家高新区创新能力提升的潜在优势与制约因素,提出我国各类国家高新区创新能力提升的差异化对策建议,为国家高新区第三次创业与战略转型分类指导的政策制定提供参考。

1.3 基本思路与内容安排

1.3.1 基本思路

在我国国家高新区实施创新驱动发展战略、开启第三次创业的背景下,立足国内外相关理论研究和实践探索的已有成果,以我国国家高新区创新发展路径与实现机制、创新体系结构及其运行机理为我国国家高新区创新能力理论模型构建的理论基础,构建我国国家高新区创新能力解构四维理论模型,阐明我国国家高新区创新能力形成机理,构建国家高新区创新能力评价指标体系,运用熵值法对我国53个国家高新区的创新能力进行评价,基于能力结构特点对我国17个典型国家高新区创新能力结构模式进行分类,找寻各类国家高新区创新能力形成的路径模式与基本实现条件,分析各类国家高新区创新能力提升的潜在优势与制约因素,进而提出我国各类国家高新区创新能力提升的差异化对策建议，为我国国家高新区第三次创业与战略转型分类指导的政策制定提供参考。本书研究的基本思路如图1-2所示。

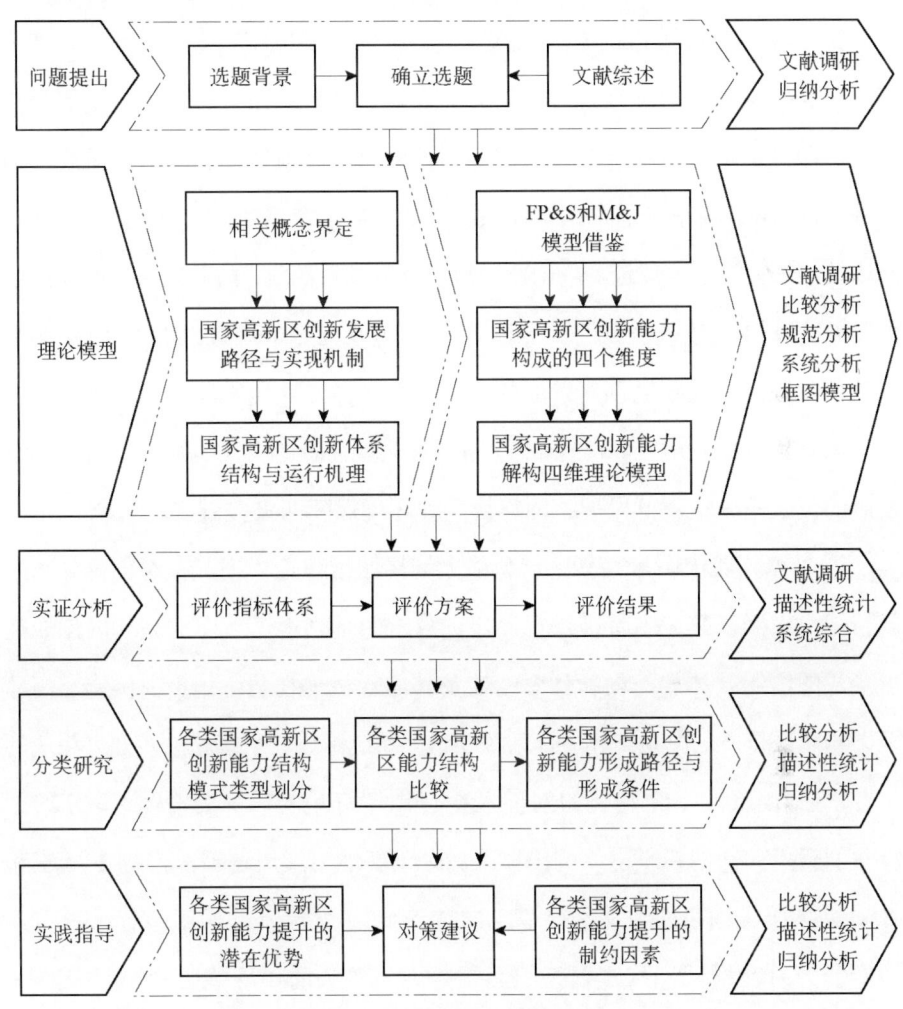

图 1-2　本书研究的基本思路

1.3.2　内容安排

本书共分七章。

第 1 章，绪论。阐述本书的研究背景及研究意义，对本书研究相关问题的国内外研究文献进行评述，找出已有研究成果的局限与不足，提炼本书研究所要解决的核心问题；简要说明本书研究的基本思路及内容安排。

第2章，我国国家高新区创新发展路径与实现机制。立足高新区、国家高新区、国家高新区创新发展等概念界定，在分析总结美国硅谷、中国台湾新竹、印度班加罗尔和北京中关村等国内外典型高新区创新发展实践经验的基础上，借鉴国家竞争优势发展阶段、产业集群生命周期、空间经济学、社会网络及全球价值链等理论，从创新能力培育与成长视角，将我国国家高新区创新发展阶段划分为贸易-加工、制造-研发、研发-创业和创业-品牌四个阶段，并阐析我国国家高新区创新发展的"要素聚集→专业化发展→产业集群化发展→创新集群化发展"多样化阶段-路径模式，进而提出我国国家高新区创新发展的创新驱动、集群发展、网络协同和环境保障四大关键实现机制。

第3章，我国国家高新区创新能力解构四维理论模型。在对国家高新区创新能力内涵及其基本特征进行界定、分析的基础上，从国家高新区创新能力形成的组织载体——创新体系结构及其运行机理视角，阐析我国国家高新区创新体系是一个由系统环境、系统要素、系统网络、系统绩效四部分构成的具有较强自组织性和网络化的创新体系，明晰"环境支撑→要素聚集→组织运行→创新投入→创新产出"的国家高新区创新能力形成逻辑。借鉴 FP&S 和 M&J 两大国家创新能力理论模型，将创新活动条件因素和组织运行因素引入创新能力研究领域，构建以组织运行能力为核心的"环境支撑-组织运行-创新投入-创新产出"具有内在动态结构的国家高新区创新能力解构四维理论模型。

第4章，我国国家高新区创新能力评价。依据国家高新区创新能力解构四维理论模型，在借鉴国内外相关评价指标体系的基础上，构建一个包括环境支撑能力、组织运行能力、创新投入能力、创新产出能力的4项一级指标、

9项二级指标、15项三级指标的国家高新区创新能力评价指标体系，并运用熵值法对我国53个国家高新区的创新能力进行评价，为探寻我国国家高新区创新能力结构模式、设计国家高新区创新能力提升对策提供实证基础。

第5章，我国国家高新区创新能力结构模式。在基于高新区创新能力结构特点对我国17个典型国家高新区进行分类、比较分析的基础上，结合各类国家高新区创新资源条件与组织运行特征，将各类国家高新区创新发展的能力结构与形成模式进一步匹配，归纳总结出组织协调型、环境支撑型、产业驱动型三种典型结构模式，探寻各类国家高新区创新能力形成的路径模式与基本条件，为国家高新区创新能力形成的分类研究与分类指导政策的制定提供理论依据。

第6章，我国国家高新区创新能力提升对策。依据上述各类国家高新区创新能力的结构特点，联系我国各类国家高新区创新能力发展实际，剖析三类国家高新区创新能力提升的潜在优势与制约因素，并提出相应对策建议，为相关部门制定国家高新区分类指导政策提供参考。

第7章，结论与展望。在对本书研究的主要结论进行归纳总结的基础上，提炼出本书研究的一些主要创新点，并指出今后进一步研究的主要方向。

第 2 章
我国国家高新区创新发展路径与实现机制

高新区创新发展过程就是高新区创新能力的形成过程，高新区创新能力的不断形成、累积和提升是高新区创新发展的主线。因此，本章以美国硅谷、中国台湾新竹、印度班加罗尔和北京中关村等国内外典型高新区为例，透过其发展历程归纳总结其创新发展的一般规律及成功经验，明晰我国国家高新区创新发展路径，探寻我国国家高新区创新发展的实现机制，为我国国家高新区的创新能力研究奠定基础。

2.1 国家高新区创新发展相关概念界定

2.1.1 高新区

高新区即高新技术产业开发区,一般是指通过政府规划和市场机制的作用,使大学、科研机构和企业在一定地域内相对集中,并通过企业、大学及科研机构、政府、中介服务机构和金融服务机构的有机合作,研究开发和生产高新技术产品,促进科研成果转化,实现科学技术与经济、社会协调发展的一类科技-工业地域综合体。

世界各国的高新区形态各异,名称也不尽相同。例如,美国的硅谷高技术区、128 公路高技术带和北卡罗来纳州研究三角园,英国的剑桥科学园,法国的技术区,日本的技术城;而在东亚新兴工业化国家和地区,如韩国、新加坡和中国台湾的高新区则大多是高新技术产品的生产基地。尽管世界各国的高新区形态、名称各异,但它们一般都以研究、开发和生产高新技术产品、促进高新技术产业发展、推动科技进步为主要目的。因此,本书将统一采用高新区来称谓以上世界各种类型的高新技术产业开发区域。它具有如下基本特征。

1. 高新区是一种制度安排

综观海内外各种形式的高新区,无一例外都是在政府的大力支持、帮助甚至直接规划下建立、形成和发展起来的。即使起步较早、被人们公认为是市场化产物的美国硅谷,在其半导体—集成电路—计算机—控制系统这一技术创新演变的轨迹中,始终也都有政府的影子。在硅谷开创初期即第二次世界大战期间,区内企业享有政府拨给的大量订单;第二次世界大战后,美国政府和军方又对硅谷下了大量订单,进行了大量投资,特别是在航空航天技术等基础研究方面,这为硅谷科技实力的迅速提升提供了重要的新知识来源。罗杰斯和拉森在《硅谷热》一书中也曾指出,硅谷的形成与发展具有一定的计划性[36]。

2. 高新区一般具有区位优势

世界各国或地区的高新区大都位于大学和科研机构等智力资源比较集中的地区,依托于中心城市发达的交通、通信网络,拥有宜人的气候、秀美的自然风光、舒适的生活环境,这些基本的区位条件构成了智识分子的理想栖息地,是科学研究和技术开发的理想场所。

3. 高新区是创新要素的聚集地

高新区优惠的政策和优越的区位条件,可以加速各创新要素(包括人才、资金、技术、信息、物质等生产要素和企业、大学、科研机构、政府、中介服务机构、金融服务机构等组织要素)在区内集聚,通过正式和非正式的方式吸引、结网,并不断地重新配置、优组合化,形成高新区创新发展的资源和组织要素条件,生成区域创新中心和经济增长极。

4. 高新区是发展高新技术及其产业、实现科技成果转化的重要载体和平台

发展高新技术及其产业、实现科技成果转化是高新区的先天责任和后天优势。世界各国和地区在推进高新区建设发展的过程中,无论是其地址的选取、规划的制订,还是基础设施、各种软环境的建设及社会氛围的营造,都是从高新技术及其产业发展的需要出发的,其目的就是为了迅速孵化高新技术企业、推进高新技术成果产业化。由此可见,高新区是高新技术的主要创新源泉,是高新技术产业发展的重要载体。

2.1.2 国家高新区

国家高新区即国家级高新技术产业开发区,是特指在中国国土范围内经中华人民共和国国务院批准成立的由科技部归口管理、地方政府主导建设的国家级科技工业园区。它一般以智力密集和开放环境条件为依托,通过政府规划和市场机制的作用,使大学、科研机构和企业在特定地域内相对集中,形成优化的局域环境,便于企业、大学及科研机构、政府、中介服务机构和金融服务机构的有机合作,研究开发和生产高新技术产品,推动科技成果转化,加速高新技术产业的形成与发展,提升科技创新实力,增强产业国际竞争力。

由此可见,我国的国家级高新区也是一种制度安排的产物。但是,不同于省级、市级高新区,国家级高新区具有显著的国家战略功能、示范导向功能和科技要素的聚集优势,是科技创新要素的聚集地,是发展高新技术产业的重要载体和实现创新驱动、内生增长的先行区,是增强我国自主创新能力、建设创新型国家的重要基地。

2.1.3 国家高新区创新发展

高新区作为20世纪新的经济社会组织形式,承载着高新技术的创新和产业发展的功能。这种功能通过"搭建创新平台→营造创新环境→聚集创新资源→孵化高新技术企业→促进高新技术产业化"的发展链条实现,有明显不同于其他地域或组织的发展特点,即创新发展。高新区的创新发展如同生物演化。生物演化是朝着有利于其生存的方向演化,高新区的创新发展则是朝着有利于创新的方向演化,其实质是一个创新演化问题。

演化一词源于生物学,据《辞海》中的解释,演化亦称进化,是指"生物逐渐演变,由低级到高级、由简单到复杂、种类由少到多的发展过程"。后被引入到经济学,形成演化经济学。相对于新古典经济学的静态均衡分析而言,演化经济学更加注重对"变化"的研究,即更加关注经济的动态过程,它把经济系统看成是演化过程的产物,强调组织与环境共同的演化现象。

关于创新演化问题,弗莱克(J.Fleck)将创新组织网络的发展视为一种进化过程,并指出与时俱进是创新性组织与网络发展的根本特性之一[45];与弗莱克观点相类似,齐曼(J.Ziman)进一步肯定了创新网络综合体的进化特征,他认为技术创新综合体的发展可以被视为一个生态过程,即创新网络组织的进化也应当是一种循环往复的螺旋式上升的过程[46]。

结合学者关于创新演化的相关研究,依据国家高新区内涵及其基本特征,本书认为应从以下几点理解和把握我国国家高新区的创新发展问题:一是国家高新区作为一种制度安排的产物,其创新演化是按照国家的战略导向进行的;二是国家高新区作为一个高新技术产业集群的区域经济社会组织、一个创新型区域,它也遵循由低级到高级、由简单到复杂,循环往复、螺旋式上升的发展演化过程;三是国家高新区的创新发展在遵循一定路径的过程中,由于受内、外部环境的影响,其发展路径也会显示出多样化的特性;四是国家高新区的创新,也是一个从无序到有序的发展演化过程,直接表现为创新发展点式→线式→面式→网式的过程,即从分散的、随机的、无序的点式创新模式逐渐走向有序的、有组织的网式创新模式。由此,本书将国家高新区的创新发展界定为:在国家战略导向下,以创新能力不断形成、累积、提升为目的,在内外部环境因素影响作用下,创新不断由点式→线式→面式→网式演化,即从分散的、随机的、无序的点式创新模式逐渐走向有序的、有组织的网式创新模式的发展演化过程。

2.2 国内外高新区创新发展的典型案例与启示

从世界范围看,高新区作为一种有效促进产学研结合、发展高新技术产业的重要载体,自20世纪50年代美国斯坦福大学首创斯坦福大学研究园并迅速发展成为闻名于世的硅谷以来,世界各国和地区争相效仿,建设高新区成了世界许多国家和地区集聚创新资源、发展高科技及其产业的普遍做法,并得到了长足发展,涌现出了一大批像美国硅谷、中国台湾新竹、印度班加罗尔等这样的成功典范,同时北京中关村在中国也取得了巨大成功。归纳总结典型成功高新区的创新发展实践经验,是探寻我国国家高新区创新发展阶段、路径的重要实践基础。

2.2.1 国内外高新区创新发展的典型案例

1. 美国硅谷

众所周知,硅谷是世界上诞生最早的科技园区,也是世界上发展最成功的技术创新区域,早已成为世界高科技的中心和圣殿。自1939年第一家高新技术产业公司——惠普在硅谷落户以来,硅谷的发展从最初的国防工业到半导体、集成电路产业,再到个人电脑和网络经济,具有清晰的发展脉络和演进的阶段性特征。

首先,惠普公司的诞生为硅谷的孕育和发展奠定了坚实基础。它不仅积累了成功的管理经验和管理文化,而且开创了合作创新的传统,为硅谷电子工业的长足进步和配套基础设施的完善,积累了相当程度的人才和技术,促使了衍生公司的形成,吸引了外来企业的加盟和聚集。

其次,20世纪50年代初期斯坦福工业园区以及20世纪50年代中期肖克利半导体实验中心的建立,奠定了硅谷高科技中心的基石。斯坦福工业园区和肖克利半导体实验中心的建立,不仅吸引了如通用电气、柯达、旗舰、沃金斯·庄臣、IBM等在内的一大批公司在硅谷落户,而且直接衍生出来了像英特尔、西格奈蒂克斯、国民半导体等一大批大名鼎鼎的在硅谷中具有影响力与活力的公司，由此不仅聚集了硅谷发展高技术所需的人才和技术，同时也带来了高级企业管理人才和经营大规模高技术企业的管理经验；与此同时，这一时期硅谷风险投资的兴起，进一步加速了公司的衍生与聚集，风险资本与创新公司的初步结合已基本定型。

再次，伴随硅谷国防工业和半导体、集成电路产业的发展，个人电脑产业也被不断催生出来，硅谷于20世纪七八十年代又进入了个人电脑飞速发展的时代。一些经常参加"自制计算机俱乐部"聚会的年轻人创立了包括苹果在内的20多家计算机公司。由此，硅谷的计算机企业数量开始爆炸式增长，由1975年的830家迅速扩展到1990年的3000家。

最后，伴随个人电脑在商业上的快速发展，软件行业迅速崛起，这又直接推动了网络开发与服务产业的发展。20世纪90年代，硅谷开始大规模进入网络时代。网络时代又带来了软件业的昌盛，这是软件业和网络业同时大发展的时期。

由硅谷的发展演化轨迹我们可以看出，从产业集群基核的形成到产业集群再到创新集群的发展，以斯坦福大学为代表的高校对硅谷的发展演化起到了重大的推动作用；紧密的产学研合作使硅谷保持了高新技术产业的领先地位；风险投资网络与技术创新网络的结合以及完善的社会中介服务体系进一步加速了硅谷创新创业的步伐，使科研成果迅速实现了商业化；尽管硅谷以市场经济的发展为基础，但在硅谷的发展历程中，美国政府由初期的军事订单推动到间接宏观主导模式的成功构建，无不体现政府在其间的重要作用；多元、开放、鼓励冒险、善待失败、乐于合作的硅谷文化是促进硅谷不断演变的内在源泉。

2. 中国台湾新竹

中国台湾新竹科学工业园区成立于1980年，经过30多年的发展，已经形成了包括集成电路、电脑及周边、通信、光电、精密机械及生物技术在内的六大产业集群。其半导体和集成电路的生产能力已与美国、日本比肩，并以其卓著的高科技发展业绩步入世界先进科技园区之列，成为全球最大的电子信息制造中心之一。

中国台湾新竹科学工业园区是在借鉴、学习美国硅谷模式的基础上建立、发展起来的，包括在规划、建设、人才、资金、技术、管理和文化等诸多方面皆以硅谷为蓝本，但并未完全克隆或照搬硅谷模式，而是有其自己独特的发展演进模式。在园区发展初期，主要是依靠政府通过创新环境的构建和吸引留学人员创业推动的。政府这一时期在加大对园区基础设施建设的同时，也不断颁布一系列的优惠政策和法律法规，着力创造一个优惠且便利的高科技企业发展特区，吸引各种外部创新资源聚集到园区内；同时通过推动工业技术研究院的设立与发展促进产学研合作，以及积极推动以官方资本为主导的多元化投融资体系和中介服务体系的发展，形成有利于科技创新的多元互动的创新网络体系。在园区初具规模之后，政府的作用开始逐步减弱，区域内各组织之间所形成的自主协作机制，成为园区发展演化的主要动力。

由此可见，在中国台湾新竹科学工业园区发展演化的历程中，政府扮演了重要角色。无论是在园区环境建设还是园区初创企业的发展，从提供规划完备的设施与厂房到完整的资讯网络服务、科研资金保障等；无论是官产学研的合作，还是创业投资的发展，政府在其间都发挥了重要作用。待园区发展走上正轨后，政府逐渐退出。尤其值得一提的是，穿梭于美国与中国台湾两地的"太空人"成为硅谷与新竹无缝连接的桥梁和纽带，推动了两地之间紧密的分工与协作，并已形成了制度化的跨区域联系，这对中国台湾新竹科学工业园区的发展具有重要作用。

3. 印度班加罗尔

成立于 20 世纪 90 年代初的印度班加罗尔软件科技园，已成为继美国之后的世界第二大软件生产和出口国，全球第五大信息科技中心和世界十大"硅谷"之一，被称为发展中国家发展高科技的榜样。

与中国台湾新竹科学工业园区一样，班加罗尔软件科技园也是在学习、借鉴硅谷模式的基础上建立起来的，因此在其发展演化过程中政府也扮演了重要角色。无论是园区先进基础设施（国际先进的中央计算机数据处理系统和卫星通信系统）的建设，还是税收、投资、进出口、政府采购等有力的扶持政策；无论是推动园区内紧密的产学研合作，还是推动园区与美国硅谷之间的人缘、业缘和商缘的紧密联系；无论是其独特的投融资体系的构建，还是有效的中介服务体系的构建，印度政府和卡纳塔克邦政府都发挥了重要作用。这直接推动了印度软件业的快速发展，并不断向价值链的高端攀升，即由早期的低成本软件开发的提供者开始进入电子商务、无线应用程序、嵌入软件和客户关系管理编写软件等价值链的高端位置，由软件开发生产中附加值低的编码环节转向更有利可图的整体客户解决方案，实现了产业的不断升级。

当然，直属于印度电子部管辖的班加罗尔软件科技园高效运行的管理体制、软件知识产权相关保护法、严格的产业标准、完善的内部规范体系，以及与美国硅谷的时差和语言优势等也是推动印度班加罗尔软件科技园发展演化的重要因素。

4. 北京中关村

北京中关村从 20 世纪 80 年代初的"中关村电子一条街"到"北京新技术产业开发试验区"，又到"中关村科技园区"，再到"国家自主创新示范区"，经过 20 多年的发展建设，已经聚集以联想、百度为代表的高新技术企业近 2 万家，形成了以下一代互联网、移动互联网和新一代移动通信、卫星应用、生物和健康、节能环保及轨道交通等六大优势产业集群,以及集成电路、新材料、高端装备与通用航空、新能源和新能源汽车等四大潜力产业集群为代表的高新技术产业集群和高端发展的现代服务业,这里已经成为创新人才的磁力场、中国企业成长的梦工厂、中国战略性新兴产业的策源地。

与中国台湾新竹和印度班加罗尔相似,北京中关村的发展演化同样也是政府推动的结果。但与它们不同的是,北京中关村科技园是在中国国家科技体制改革的直接推动下而诞生的,特别是"放活科研机构、科技人员"和"稳住一头"(稳定支持国家基础性、战略性重大研究项目)、"放开一片"(放开直接为经济社会发展服务的研究机构),以及科研院所转制、企业建立技术研发机构、建立面向企业尤其是中小企业的技术创新服务中心等政策措施的出台[47],直接激发了中关村地区科研人员投身经济建设的积极性,以科海、信通、希望、三环、四通、联想、京海、科理高、新时代等为代表的一批从事电子信息及相关产业、机电产业、环保产业、新医药等新技术产业的公司相继在中关村地区成立;1992年,在国家成立并组织实施"产学研联合开发工程"后,北京市也相应成立了"产学研"领导小组,密切了企业与高校、科研院所之间的稳定合作关系,形成了官产学研共同发展机制;进入21世纪,特别是2009年建设国家自主创新示范区的批准,在创新环境建设、政策先行先试、创新资源优化配置等方面对园区的发展演化更是起到了重要的支撑和引领作用。此外,中关村政府高效的管理服务体制以及较完善的投融资体制,也是推动中关村发展演化的重要因素。中关村每年发生的创业投资案例和投资金额均占中国总额的1/3左右。

2.2.2 典型高新区创新发展的经验与启示

尽管美国硅谷、中国台湾新竹、印度班加罗尔和北京中关村创新发展模式各不相同,但其演化路径却有共通之处。

一是创新环境的营造是园区发展的重要基础。上述四个园区无论是对基础设施建设、资本和人才储备等硬环境的改善,还是对政策、法律、社区文化等软环境的营造,都给予了高度关注。因为良好的创新环境是吸引、聚集各种创新资源的先决条件。

二是基于网络的创新组织形式是园区高效运转的重要保障。上述四个园区都特别重视产学研或官产学研合作机制的建立与完善,并不断推进知识创新体系、技术创新体系、投融资体系及中介服务体系的融合,形成各行为主体协同创新的网络化格局。

三是正确处理好不同发展演化阶段政府与市场之间的关系是园区可持续发展的重要前提。在园区的先期发展阶段,无论是率先发展的硅谷,还是后发展起来的新竹、班加罗尔、中关村,都直接或间接地发挥了重要作用,对于后发展起来的新竹、班加罗尔和中关村,在其发展演化过程中更是充分发挥了政府的主导作用,但随着园区的发展逐渐走上正轨后,园区内各组织之间形成的自主协作机制就开始成为园区发展演进的主要驱动力。

四是建立跨国的社会的和技术的联系是推动园区融入全球技术创新网络的重要途径,也是避免园区陷入路径依赖或锁定的有效方法。无论是新竹的"太空人",还是班加罗尔的时差优势和移民效应,都直接建立起了与硅谷的跨国的社会的和技术的密切联系,形成了互补互利的专业化协作关系;中关村留学归国创业人才也已超过1.5万人,累计创办企业超过6000家;硅谷更是建立起了基于全球的创新网络,如硅谷技术产业中的科学家和工程师,有1/3是由移民构成的。

2.3 国家高新区创新发展路径

结合国内外典型高新区创新发展历程及其经验,我们可以看出,高新区的创新发展遵循一定的路径,不同阶段具有不同的特征及动力机制。把握我国国家高新区创新发展路径的目的主要有三:一是确定国家高新区创新发展的战略方向和动力模式;二是明确国家高新区创新能力形成的关键要素;三是把握国家高新区创新发展阶段转换的时机,避免出现路径依赖、锁定或退化。因此,把握国家高新区创新发展路径,既是探寻国家高新区创新能力形成的重要基础,也是确定未来国家高新区创新能力提升对策制定的重要依据。

2.3.1 国家高新区创新发展阶段

阶段性是区域经济发展的基本规律。美国经济学家罗斯托(W.W.Rostow)从世界经济发展历史的角度,将人类社会划分为传统社会、起飞准备、起飞、成熟、高额消费、追求生活质量等六大阶段[48]。迈克尔·波特(Michael Porter)从国际竞争角度,将国家经济发展划分为四个阶段,如图 2-1 所示,其中,前三个阶段,即生产要素导向、投资导向和创新导向阶段是国家竞争优势发展的阶段,通常会带来经济上的繁荣;而第四个阶段,即财富导向阶段,则是经济上的转折点,国家经济发展可能会由此而走向下坡路[49]。

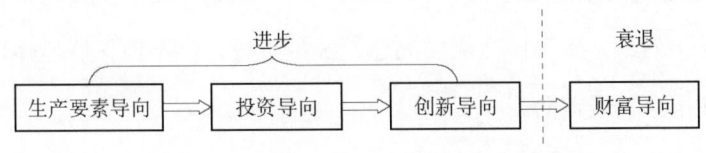

图 2-1 国家竞争力发展的四个阶段

国家高新区作为一种以创新发展为本质特征的独特的经济发展区域，其创新发展也具有明显的阶段性与发展规律。对此，国内外学者也有深入的研究，并取得了许多具有创见性的研究成果，为本书的研究提供了很好的借鉴和研究基础。

关于高新区创新发展阶段演化问题，国外学者虽然没有直接相关阐述，但其关于产业集群演化论、创新进化论的论述对本书的研究具有较大的借鉴，因为高新区也是一个产业集群区、创新区。蒂奇（G.Tichy）将集群生命周期划分为诞生、成长、成熟、衰退四个阶段[50]。奥康佳斯（P.Ahokangas）将产业集群的成长过程划分为起源和出现、增长和趋同、成熟和调整三个阶段[51]。欧盟委员会（European Commission）将区域集群的生命周期划分为创立先导企业、产生一系列专门化的供应商及服务支撑公司和劳动力市场、形成支撑集群企业的新组织机构、吸引外部的企业和人才等资源、培育成员间非市场机制的联系交流、集群发展进入抑制状态进入衰退等六个阶段[52]。罗森菲尔德将产业集群划分为孕育期、成长期、成熟期及衰退期四个阶段[53]。

国内学者主要从建设与时序演进、空间形态演化两个视角对我国国家高新区发展阶段进行了研究。从建设与时序演进视角，夏海钧将我国高新区发展划分为酝酿、创办、成长与发展三个阶段[54]；王崇锋划分为孕育、起步、成长三个阶段[3]；王胜光和程郁划分为酝酿成立、创建成长和二次扩张三个阶段[55]；基于该视角的，还有一种划分是以科技部提出的"二次创业"为标志，将我国高新区的发展划分为一次创业和二次创业两个阶段。该研究视角可以一目了然地呈现我国高新区的建设发展阶段，但不能很好地体现高新区的特质和未来发展走向。

从空间形态演化视角，魏心镇和王缉慈把高新区划分为机构阶段和企业家阶段[56]；刘凤朝等将高新区的发展演化历程划分为产业园发展、产业区扩张和产业带形成三个阶段[57];周元和王维才则将我国高新区发展划分为要素群集、产业主导、创新突破、财富凝聚四个阶段[58];孙万松将我国高新区发展划分为原始积累、多元发展、稳定发展和跨越突破四个阶段[26];沈伟国和陈艺春将我国高新区发展划分为要素空间集聚、主导产业强化、创新生态演进、区域联动辐射四个阶段[59]。该研究视角很好地体现了高新区产业集群发展和创新发展的特质及未来走势,对本书的研究具有较大的借鉴参考。

结合产业集群演化理论与国家竞争优势发展阶段理论,借鉴上述学者的研究成果,本书的研究从创新能力培育与成长视角,以国家高新区创新发展核心驱动力的转换为标志,将国家高新区创新发展阶段划分为贸易-加工、制造-研发、研发-创业和创业-品牌四个阶段。国家高新区创新发展各阶段的基本特征见表2-1。

表2-1 国家高新区创新发展各阶段的基本特征

主要特点	贸易-加工阶段	制造-研发阶段	研发-创业阶段	创业-品牌阶段
核心要素	政府优惠政策、土地、生产加工贸易企业	政府优惠政策、土地、资金、技术、生产制造业企业(包括高技术生产制造业企业)	技术、人才、研发机构、产学研合作机构、高新技术企业、中介服务机构、金融服务机构、教育培训机构等	核心要素扩散
发展模式	贸-工-技	工-贸-技或工-技-贸	技-工-贸或技-贸-工	企业并购
产业结构	加工贸易业为主	中低端加工制造业为主	高新技术产业、高端服务业	金融、娱乐服务业
产业空间形态	企业集聚,企业间合作不明显	产业集群,主导产业特色鲜明,具有上中下结构特征的产业链	创新集群,集群内企业间的合作创新行为大量涌现,高技术研发和产业化集聚	集群开始解构,最终成为产业空洞
根植性	无	具有一定的根植性,创新网络开始形成	根植性比较强,创新网络和创新文化成熟	根植性过深,缺乏开放性
产学研合作	基本无产学研合作	松散的产学研合作	紧密的产学研合作	产学研合作走向松散
创新模式	引进技术为主	点-点创新、模仿创新	集成创新、原始创新大量涌现,网络协同创新	创新活动逐渐减少
增值手段	贸易链	产业链	创新链	无

续表

主要特点	贸易-加工阶段	制造-研发阶段	研发-创业阶段	创业-品牌阶段
发展动力	政府优惠政策驱动	政府政策和市场竞争力双重驱动	以技术创新为源头的市场竞争力为主要驱动力	创新发展动力逐渐减退
发展优势	政策优势	规模经济优势	拥有自主知识产权的新产品	新产品和专利数量逐渐递减
园区形态及价值目标	工业产品加工贸易区，优化局域环境	产业区兼具科技园区双重形态，招商引资、拉动地方经济增长	科技园区或创新区形态，提升地方乃至国家的创新能力	高级社区，社会价值挂帅

1. 贸易-加工阶段

我国国家高新区作为一种政府制度安排的独特的经济发展区域，在其创始阶段，功能定位主要集中在基础设施的建设上，包括园区内部与外部交通设施的建设，排水、供电、供气、供热等基本生活设施的建设，以及网络通信设施的建设。政府通过提供相对完善的基础设施，土地、税收、产业及其他优惠政策或相关配套设施等一系列制度安排，尽快吸引人才、资金、技术、企业等各种生产发展要素向园区聚集。在这一阶段，由于为了快速形成规模经济，产业进入门槛往往比较低，一些传统企业和传统生产要素有时也被引进（包括一些加工贸易型企业）[60]，企业之间往往并不相关，基本就是先引进来再说，发展模式主要是贸-工-技，增值手段主要是贸易链与加工链，即通过与区内外、国内外的加工贸易获取附加值，以尽快形成原始发展资金。尽管绝大多数高新区的建立都是以高等学校、科研院所为依托，但此阶段的园区企业与高等院校和科研院所却鲜有技术上的联系，很少有科技成果的转化或技术创新活动，即便有一些由高校或科研单位衍生而来的科技型企业，也是由于初创而十分幼小，且产业发展方向也不是很稳定。因此，从这个意义上而言，这一阶段的高新区更为恰当的名称应当是"工业产品加工贸易区"。

2. 制造-研发阶段

这一阶段，我国国家高新区的整体功能定位主要集中在对集聚生产要素的有效配置上，发展规模经济，招商引资，拉动和支撑地方经济增长。通过政府有力措施和较为优惠的政策引导以及企业自身的不断发展，各种生产要素不断被优化组合，园区内大型龙头企业（包括大型高技术企业）——产业集群基核开始形成，同类企业或相关企业以及创业者不断加入，产业集群雏形开始显现。为吸引更多相关支撑企业加入，区内企业会不断改善自身业绩，增强竞争能力，进一步促使为集群企业提供配套服务的机构形成聚集，金融支持和投融资体系开始形成，中介服务机构逐渐增多并日趋发挥更大的作用，形成高新区稳定的主导产业和具有较好产业支撑与配套条件的上、中、下游纵向产业链，产业集群不断被强化，产业生产边界不断被扩张，出现一区多园（多个专业产业园）的产业空间格局。园区的增值手段主要是产业链，发展动力由前一阶段主要由政府的优惠政策驱动转变为政府优惠政策和市场竞争双重驱动，发展模式是工-贸-技或工-技-贸，产业结构主要以中低端高技术加工制造业为主，是"高技术产品生产加工制造基地"。随着园区企业的聚集和经济实力的提升，竞争压力迫使园区和产业内部都开始有了通过创新建立内生发展优势的意愿，但由于这一阶段高新区内研究与开发（R&D）机构不多，企业 R&D 能力较弱，R&D 活动主要依靠外部科研机构和研究型大学，出现了较松散的产学研合作，创新活动开始逐渐频繁，竞争方式由低成本竞争转向创新竞争。总体而言，这一阶段园区发展主要依靠产业和经济规模聚集优势，尽管企业之间的协作关系日趋紧密，创新网络也逐渐开始形成，但创新合作还不明显，企业的自主研发能力总体水平还较低，以技术外部引入、模仿创新为主，缺乏原发性的自主创新。可以说，这一阶段的高新区开始走上既体现经济规模聚集优势又体现创新能力聚集优势的工业区和科技园区两元互动的发展格局。

3. 研发-创业阶段

随着园区主导产业发展质量及其竞争力的持续提高，园区内的创新活动日趋频繁且不断衍生，大量企业涌入集群，政府、高等院校、科研机构、中介服务组织及风险资本等开始加入到集群创新体系中，并不断进行着知识、技术、信息、人才、政策、物质等各方面的交流与积累，通过网络各节点的不断交互与协同，不同创新主体间的合作创新行为不断涌现，产学研合作机制日趋紧密，具有地域根植性的创新网络和创新文化开始走向成熟，知识和技术的转移、扩散不断加速，此时的产业集群正在开始走向创新集群。当集群规模达到最大化，创新主体多元化，创新链完整，集群的学习、创新、制度文化成熟，植根于该地区社会文化的创新网络完善，具有较强环境自适应机制和能力的创新生态系统出现，即标志着创新集群正式形成。这一阶段，国家高新区才真正形成了以创新为动力的内生增长机制，创新成为推动园区发展的决定力量，园区的增值手段主要是知识链和创新链，发展动力主要是创新驱动，发展模式是技-工-贸或技-贸-工，产业结构主要以处于全球价值高端的新兴产业和高新技术产业为主，不具有创新优势的产业向区外转移，风险资本大量涌入，研发经费高强度投入，高端创新人才不断集聚，集成创新、原始创新大量涌现，大量新企业不断衍生，成为高新技术研发和产业化的集聚地，知识化、生态化、高端化趋势明显，成为名副其实的科技园区或创新区。此阶段的高新区，最大的竞争优势就是拥有大量自主知识产权的新产品，并不断以新产品占领和扩大市场份额，增加专利转让获得的收益，不断推动创新集群的发展。随着创新机制的不断成熟、完善，高新区形成了主导产业自我更替的创新发展能力，产业高度不断提升，新的产业不断创造，国家和地方的创新能力因此而不断得到提升，为创新型国家建设打下了坚实的基础。

4. 创业-品牌阶段

在研发-创业阶段,园区的创新和竞争优势都不断走向巅峰状态,而创业-品牌阶段则恰好相反,在区内外各种环境因素的作用下,园区的衰退和蝶变如影相随。随着创新集群的成熟,创新集群的拥挤效应导致集群竞争力衰退,集群中核心产业的优势地位逐渐丧失,创新网络逐渐走向松散;同时由于集群文化根植性过深,限制了集群的对外开放,集群的创新发展活力逐渐减退,新产品和专利增长速度逐渐降低,竞争优势逐渐丧失,创新集群逐渐走向衰亡[60],进而引起区域经济的衰退。同时,伴随老一辈创业者个人巨额财富的增加,利益的驱动力对他们而言逐渐失去了吸引力,持续投资和创新的行动已不再,由积极转向保守,创新欲望逐渐减弱,他们开始追求轻松、休闲、健康的生活,以及更多的社会事业,创新要素不断向外扩散和流失,这也是导致创新集群走向衰退进而导致园区走向衰退的一个重要原因。产业以维持高水准和高级需求的金融、娱乐等服务业为主,一些由国家长期投资所形成的教育服务、生物科技、国防科技等产业还会继续留存,但也会伴随园区经济的衰退而风光不再。

当然,园区演变还可以有另外一种结果,就是凤凰涅槃,获取新生。在这一阶段,如果高新区想继续保持持续的创新能力,必须不断集聚更具竞争优势的创新要素,为向更高层级的跃迁累积能量。例如,在创业方面,必须源源不断地培养拥有"改变世界"梦想的创业者,硅谷之所以在成为世界科技园区典范之后而没有走向衰退,根本原因就在于它是全世界拥有"改变世界"梦想者的乐园,硅谷大约每五年就有一个新兴产业出现,并且创业五六年就成为世界五百强[61];在集群的开放性方面,必须打破集群既有的内部结构和行为准则,增强开放性;在各创新主体协作方面,必须强化政府的主导作用，以正确的创新政策进行正确的疏导，实现创新集群本身的创新，升级到更高层次的创新集群。创新永远是集群升级的动力，新一轮的创新推动创新集群内企业与产业的继续升级，实现创新集群的跃迁，进而实现园区创新发展阶段的跃迁。

上述四个创新发展阶段的划分，是对我国国家高新区总体创新发展规律的一般概括式描述。虽然四个创新发展阶段在逻辑上有一定的先后顺序关系，但在国家高新区的创新发展实践中，四个阶段并非完全独立或泾渭分明的，因为后一阶段总是在前一阶段各种因素累积的过程中孕育成长起来的，是一个由低级向高级螺旋式循环发展的过程。就总体而言，经过20多年的建设和发展，我国国家高新区大部分已处于制造-研发阶段，有些高新区正在步入研发-创业阶段，如北京中关村、上海张江、武汉东湖等高新区。我国国家高新区创新发展的阶段性分析模型如图2-2所示。

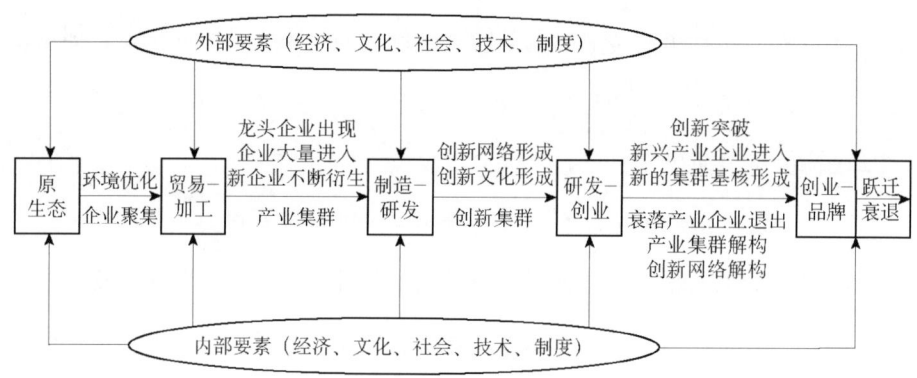

图 2-2 国家高新区创新发展的阶段性分析模型

2.3.2 国家高新区创新发展阶段-路径模式

依据产业集群生命周期理论，产业集群的发展一般经历孕育（诞生）、成长、成熟、衰退四个阶段，张明龙等以时间为横坐标、以集群综合竞争力为纵坐标来表示产业集群的生命周期曲线，如图2-3所示。在这一曲线中，分别有A、B、C三个拐点，其中，成长与成熟两个阶段之间的拐点B为巩固点，成熟与衰退两个阶段之间的拐点C为控制点，巩固点B和控制点C是产业集群生命周期中两个最重要的拐点。处于巩固点B的产业集群存在向上突破和向下滑落两个发展方向；同样，处于控制点C的产业集群也存在两种可能的发展方向，向上继续健康发展、走向辉煌或者直接进入衰退阶段、走向灭亡[62]。

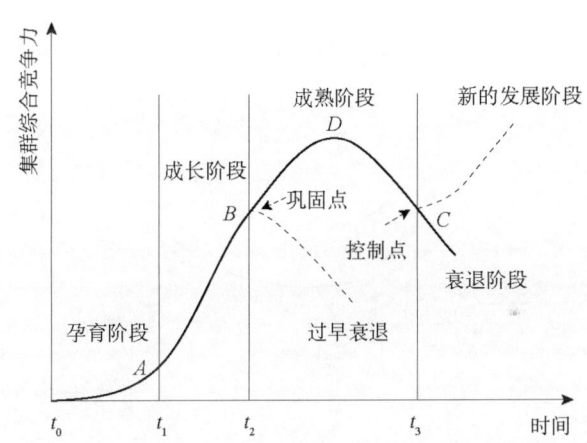

图2-3 产业集群生命周期曲线拐点

同理，作为高新技术产业集群载体的国家高新区，在其创新发展不同阶段转换的过程中也存在这样的拐点。本书认为，在高新区创新发展的拐点处，将可能存在向上跃升、向下衰退或锁定三种结果。同时，由于高新区的创新发展是一个循环往复、螺旋式上升的过程，在其周期性循环发展过程中，会出现许许多多这样的拐点，将这些拐点连成线，即构成了高新区阶段转换的界面。为了更好地厘清高新区创新发展路径，我们将高新区的制造-研发阶段再进一步细分为专业化发展和集群化发展两个阶段,分别对应产业集群的孕育阶段和成长阶段,而高新区创新发展的研发-创业阶段则对应于产业集群的成熟阶段,即创新集群化发展阶段。创新集群是由产业集群演化形成的。由此可见,我国国家高新区的创新发展路径将遵循"要素聚集→专业化发展→产业集群化发展→创新集群化发展"的一般演进轨迹(图2-4)。

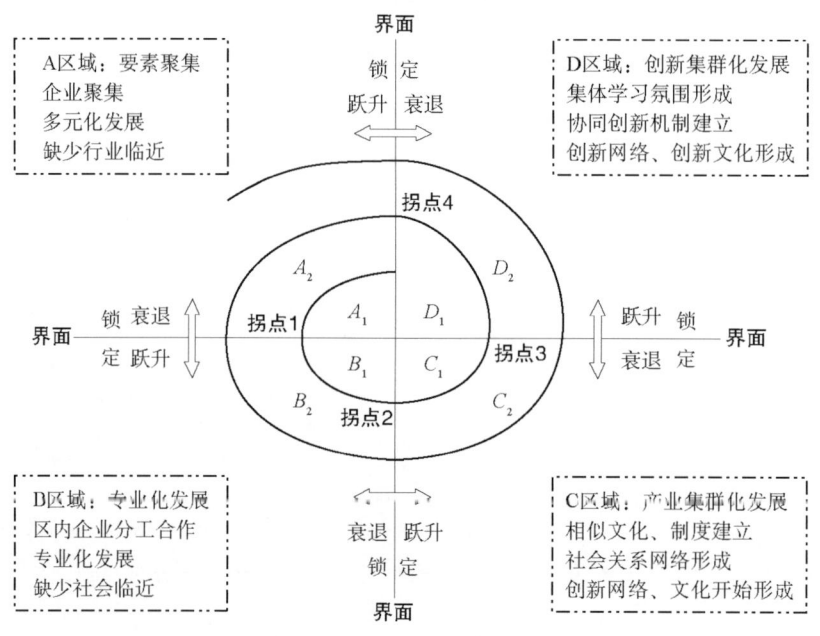

图2-4 国家高新区创新发展阶段-路径模式

决定高新区在拐点处向上跃升还是向下衰退,抑或是锁定,主要是由高新区创新发展过程始终存在的两种作用力量——动力和阻力的对比所决定的。促进高新区创新发展阶段跃升的动力包括政府优惠政策、规模经济、外部经济、市场竞争等;促使高新区创新发展衰退的阻力包括集群拥挤、恶性竞争、维护既有优势和既得利益、保守等。当动力大于阻力时,高新区创新发展就会向上跃升;当动力小于阻力时,高新区创新发展就会向下滑落、衰退；当动力和阻力相等时，高新区创新发展就可能被锁定在某种状态，或者出现空洞化。高新区创新发展的动力和阻力相互影响，甚至相互转化，共同决定了高新区的创新发展演化方向。

高新区在不同创新发展阶段的影响因素不同，动力和阻力的作用方式也会有所区别，这就决定了高新区创新发展的路径也就会具有多样性的特征。鉴于国家高新区"便于创新"的发展目的，本书在基于产业集群生命周期和社会网络等理论的基础上，主要从高新区创新能力培育和提升视角来探究我国国家高新区创新发展的演化路径。

1. 要素聚集阶段的演化路径

这一阶段，园区入驻企业数量较少，相互间几乎不存在什么联系，仅仅构成了地理上的临近，而缺少行业临近，呈多元化发展态势。即便有知名企业入驻，但由于其根植性较差，也仍然从区外原有配套企业获得产品或服务。此阶段，中介服务组织尚未形成，大学、科研院所也只是起到人才供给的作用，与企业之间鲜有技术上的联系，创新活动较少，且以点式创新为主，企业普遍相对较弱，所需服务主要来源于政府。因此，这一阶段政府对高新区的发展演化起着决定性作用。一是政府应给予园区企业包括相对完备的设施和厂房、资金、技术、人才等在内的较完善的服务，使园区初创企业尽快成长起来，加速科技成果的转化。二是政府应围绕园区产业规划和当地优势条件有规划地吸引更多的相关企业入园，为园区企业提供较好的上下游协力生产体系和产业环境，这样园区才可能尽快进入到专业化发展阶段，否则园区则可能被锁定在要素聚集阶段，甚至产生空洞化现象。

2. 专业化发展阶段的演化路径

这一阶段，区内企业逐渐增多，关联性逐渐增强，企业间的分工合作网络开始形成，产业的专业化程度不断增强，但产业集群仅仅靠地理临近和行业临近是远远不够的，企业间还需要在长期的协作过程中建立起组织文化和制度环境相似的社会关系网络，即社会临近[60]。因为相似的组织文化、制度环境，能够为园区内各个行为主体之间的关系赋予更深的内涵[63]，即相似的社会文化背景和共同的价值理念，会使区域内企业间、人与人之间的合作与诚信得到增强，机会主义倾向减少，默会知识、信息与技术在区域内就可能得到快速扩散和流动，创新效率由此会得到提升。因此，这一阶段还没有形成真正意义上的产业集群。为了实现高新区由专业化发展阶段顺利转向集群化发展阶段，政府应积极协助企业成立行业协会，通过行业协会加强企业间的沟通与协作，搜集相关行业信息，引导产业发展，促进社会关系网络的尽快形成，这样集群才会有较强的根植性，更大的吸引力、凝聚力和衍生力。

3. 产业集群化发展阶段的演化路径

这一阶段，集群内企业数量迅速增加，中介服务组织迅速发展，社会关系网络形成，集群企业衍生能力快速增强，产业集群迅速壮大，集群的知名度也大幅提升，大学、科研机构、金融服务机构开始加入集群创新体系，创新文化、创新网络由此开始渐渐形成。然而，产业集群的形成、成长并不意味着创新活动的持续开展和竞争优势的长期保持，因为这一阶段的创新主要发生在产业集群内的主体成员——企业中，大学和科研院所被置于一个配套支撑、相对辅助和外部的环节，这种松散的产学研联系必然导致集群内还难以形成稳定的知识、价值与创新等长效联系，集体学习和协同创新机制并未真正建立，创新活动难以持续开展，竞争优势难以长期保持，甚至有可能被锁定，进而走向衰退，即图 2-4 中拐点 3 的位置。这在产业生命周期曲线中被称为巩固点，是高新区创新发展中的一个关键点，决定着高新区的创新发展能否走向辉煌。因此，只有将作为知识、技术、人才源泉的大学、科研院所置于创新过程中的核心环节，与企业、政府及其他中介服务机构一道，通过网络联系（正式的与非正式的），在交互作用过程中都积极参与到创新活动过程中，即协同创新，才能长期保持产业集群的竞争优势。为此，政府应运用政策工具在各创新主体间搭建信息交流平台，促进产学研间的紧密合作，为创新网络和创新文化的形成奠定基础；同时通过政策法规等手段引导与主导产业息息相关的企业入群，建立严格的企业入园筛选机制，除考虑产业创新发展配套外，应重点考察企业的创新能力[64]，强化创新经济发展方向。此外，在这一阶段，应充分发挥行业协会等中介服务机构的作用，促进高技术企业与政府、高校、科研院所、金融服务机构等创新行为主体间的沟通与协调，尤其是网络间的非正式交流更能促进知识、技术、信息、人才等的流动，从而加速创新的步伐，形成创新集群。

4. 创新集群化发展阶段的演化路径

这一阶段，创新网络和创新文化已经形成，集体学习和协同创新机制已经建立，创新环境不断优化，创新生态系统功能不断完善，集成创新、原始创新大量涌现，集群附加价值不断增加，在全球价值链上表现为不断地升级跃迁[60]，群内企业普遍受益，财富急剧增加，高新区的发展走向辉煌。但物极则反，由于集群文化根植过深，创新网络封闭、僵化，群内企业拥挤、恶性竞争，公共设施陈旧、落后，集群创新能力锐减，即图2-4中拐点4的位置。这一点在产业生命周期曲线中被称为控制点，是高新区发展演化中的又一个关键点，决定着高新区的发展能否走向新的发展循环。为使处于创新集群化发展阶段的高新区走向另一个更高起点、更高层级的新的发展循环，需要再次发挥政府的主导作用，以正确的创新政策进行正确的疏导，实现创新集群本身的创新，升级到更高层次的创新集群。一是地方政府要通过相应的政策手段增强创新集群的开放性，打破集群既有的内部结构和行为准则，从区外引入高层级的人才和科研机构，密切与区外尤其是发达国家或地区创新网络的沟通与联系，积极引入可以带动产业发展或新兴业态的知名企业，为园区注入新活力；二是对陈旧的基础设施及时进行改造升级，并加大对专有设施的投资力度，不断满足创新升级的相应基础设施的需求；三是切实保护好知识产权，避免因恶性竞争而对集群品牌产生不良影响，并辅以专项资金支持企业进行原始性、突破性的创新[64]，不断培养拥有"改变世界"梦想的创业者。硅谷之所以在成为世界科技园区典范之后而没有走向衰退，根本原因就在于它是全世界拥有"改变世界"梦想者的乐园[61]。创新永远是集群升级的动力，新一轮的创新推动创新集群内企业与产业的继续升级，实现创新集群的跃迁，进而实现园区创新发展阶段的跃迁。

2.4 国家高新区创新发展实现机制

结合国内外典型成功高新区创新实践发展的一般规律，分析我国国家高新区创新发展各阶段演化路径的一般实现条件，我们可以发现，我国国家高新区创新发展的实现机制应主要包括创新驱动、集群发展、网络协同和环境保障等四大机制。

2.4.1 创新驱动机制

国家高新区创新发展的核心在于创新。我国国家高新区之所以能取得今天如此辉煌的成就，创新发挥了至关重要的作用。创新是高新技术产业和高新区创新发展的灵魂之所在，在高新区创新发展中起根本性和规律性作用，是高新技术产业保持活力和高新区不断演化升级最基本的驱动力。创新包括技术创新、制度创新和管理创新。其中，技术创新是高新区创新发展的主线，制度创新是高新区创新发展的根本保障，管理创新是高新区创新发展的力量源泉，制度创新和管理创新服务于技术创新，围绕便于技术创新而展开。

1. 技术创新

技术创新是国家高新区创新发展的主线。国家高新区作为我国高新技术及其产业的主要载体，它是由众多既相互独立又密切关联的高技术企业、科研院所、中介服务机构、金融服务机构和政府所构成的群落，依托于强大的高新技术人才群体，对高新技术产业的创新资源（知识、技术、人才、信息、资金、政策等）进行重新组合和优化配置，研究、开发和生产高新技术产品，实现科技成果的商品化、产业化，即技术创新。技术创新在国家高新区创新发展过程中起着非常重要的作用，技术创新能力的大小直接决定着国家高新区创新发展的趋势与方向。

2. 制度创新

制度创新是国家高新区创新发展的根本保障。高新区作为一种制度安排和制度创新的产物，在其创新发展过程中也始终离不开制度创新的支撑。国家高新区作为我国高新技术及其产业发展的重要载体，技术创新是其本质特征。但技术创新具有高风险性、不确定性、外溢性和准公共物品性等基本特征，客观上要求一系列的正式和非正式制度安排，以减少不确定性，降低交易成本，保护知识产权，促进创新主体间的协同创新，制定合理的收益分配制度等，是园区创新发展的重要支撑和保障。硅谷的巨大成功来源于其独特的技术创新能力形成机制以及促进和支持硅谷技术创新的一系列正式和非正式制度规则，包括文化传统、企业制度和产权组织等；北京中关村的发展起步于国家科技体制改革，发展于科技金融、政策法规、股权激励、高端人才等方面制度的持续创新。制度创新是高新区创新发展的根本保障。

3. 管理创新

管理创新是国家高新区创新发展的力量源泉。技术创新并非简单地将资金、技术、信息、人才、设备等创新资源聚集在一起就能实现，它除了需要相应的制度保障之外，还涉及这些创新资源如何更好地结合在一起，形成优化配置，产生 1+1＞2 的协同创新效果。国家高新区的管理创新应包括高新区企业的管理创新和高新区政府的管理创新。高新区企业的管理创新应牢固树立"以人才为本"的管理理念，通过用人机制、激励机制和经营机制的创新激发人才的创造活力及积极性；高新区政府的管理创新应牢固树立"以企业为主体"的服务理念，企业是技术创新投资的主体、研究开发的主体和创新利益分配的主体，政府要为企业开展技术创新创业活动创建良好的市场法律环境、组织保障和社会人文环境，为园区创新创业保驾护航。

2.4.2　集群发展机制

国内外典型高新区的创新发展历程，就是一个不断由企业集群→产业集群→创新集群发展演化的过程，集群发展已经成为世界成功高新区创新发展的最根本实现机制，无论是美国硅谷、中国台湾新竹，还是印度班加罗尔，抑或是北京中关村，无一例外。集群之所以能够成为高新区创新发展的最根本实现机制，不仅因为它能够降低交易成本，创造出良好声誉，建立起信息集聚和专业化制度等集体财富，而且更重要的是因为它能够改善创新条件，便于新企业衍生。集群类似于生物有机体，它揭示了在某些区域关联企业集结成群，从而获得竞争优势的机制和现象[65]。这种竞争优势的获得是通过集群发展的平台机制、竞合机制、交互学习机制、企业衍生机制和效率提升机制等实现的[66]。

1. 平台机制

集群是信息、知识、技术、人才、资金等创新资源要素储备的平台。众多具有上中下结构特征的高新技术企业及其相关支持机构或组织在地理空间上的群集，可以形成各类人才资源和相关技术的众多编码或非编码知识的高密度聚集，为人力资本的积累创造了条件，为人才、知识、技术和信息的储备提供了源源不断的来源和根本保障。与此同时，集群内的投资者对集群及集群内的企业比较了解，在对集群企业的创新活动进行风险投资时，对风险资本报酬的要求会相对低些，这将有利于企业筹集到创新所需的资金。

2. 竞合机制

集群营造了可持续发展的竞合关系。集群内的企业，既彼此竞争又相互合作，这种竞合关系是高新技术企业进行技术创新所需要的特殊文化氛围。激烈的竞争带来持续创新的压力，密切的合作和相互信任也是刺激创新的因素，创新的产生带动整个集群的发展。在硅谷，竞争者之间相互交流技术问题的频繁程度是其他地区根本无法想象的，他们之间的这种交流在硅谷人看来是再平常不过的一件事情，这恐怕也是构成硅谷文化的一个特质。在技术飞速发展的时代，与其保守技术秘密，不如敞开心扉相互交流迅速获得技术创新上的新的竞争优势，在这一点上，硅谷人早已达成了共识。这种竞合关系形成一种激励和约束机制，驱使群内企业不断地在竞争中学习，在竞争中合作，使技术创新有持续的活力。

3. 交互学习机制

集群促发了群内企业间的交互学习与跟进。群内技能知识的研发、知识利用主体的地理集中，使群内信息沟通便利、快捷，易于实现群内企业之间的频繁联系，激发企业家的集体交互学习和同行业的非正式交流，如各种形式的参观、研讨或合作以及员工之间面对面的接触和聊天，使得不同的思想不断在交流中相互碰撞产生新的火花，使得先进经验、技术、工艺在群内能够迅速传播和扩散，进而使群内持续发生创业和创新，集群由此充满生机和活力。

4. 企业衍生机制

集群是新企业诞生的催生婆。集群的雏形一旦形成，便会吸引更多的相关企业与机构向该区域集聚，而新增的企业和机构又会进一步扩大集群，由此产生滚雪球效应，形成内部自我强化的良性循环机制。与此同时，集群的规模经济会诱发对中间产品和辅助产品的需求，由此激发当地投资者创办新企业，为集群提供配套产品或服务。此外，人才的衍生也会直接诱使企业的衍生。人才的衍生与其个人天才的设想在原有企业受到规制限制的突破有关，如英特尔公司的名誉董事长高登·摩尔（Gordon Earle Moore）就认为，硅谷的创造直接与因对原公司感到不满而从公司独立出来的那部分衍生人才相关。青木昌彦和安藤晴彦研究指出，从 IBM 电脑巨头跳槽后创办新公司的优秀工程师多达几万人[67]。

5. 效率提升机制

集群内企业由于地理空间上的临近性，它们能够共享专业信息、公共技术研发平台和相关基础设施，协作开发配套产品和产业，形成专业化市场，增加市场潜在需求；能够降低群内企业间相互交易的运输成本；能够产生更为激烈的竞合关系，深化群内企业间的分工与协作，加速企业和人才的衍生；能够物色和招聘到符合企业发展需求的专业人才。所有这些，都会使群内企业能以更高的生产率来生产产品或提供服务，有利于其获得相对于群外企业更多的竞争优势。

2.4.3 网络协同机制

网络协同机制是实现国家高新区创新发展的最核心机制。产业集群成功的根本原因在于创新网络的建立。创新网络，是应对系统性技术创新的一种制度安排，是一种新的组合与运作方式[68-70]。国家高新区作为高新技术产业集群的新产业区，其创新发展过程就是一个网络组织不断形成和发展的过程，创新网络的形成是高新区创新发展成熟的最本质特征。

国家高新区创新网络是由高新技术企业、高校和科研院所、中介服务机构、金融服务机构和各级政府等多元主体交互作用构成的以增强高新区创新能力为目的的创新系统（图2-5）。其中，高新技术企业是创新的最直接行为主体，居于核心地位；高校和科研院所是最重要的创新源泉，在创新网络中担负着科技资源供给、科技人才培养和培训、衍生新企业，以及为企业技术开发提供智力和人才支撑、为政府决策提供咨询等职能，是高新区开展创新创业活动的重要依托；政府既是政策环境、市场制度环境和相关法律服务体系的建设者，又是创新网络的引导者、调控者，在科技创新活动中的作用至关重要；中介服务机构是连接企业、高校和科研院所、政府及金融服务机构的桥梁和纽带，是实现创新中各要素互动的重要媒介；金融服务机构是园区开展创新活动的重要资金源泉，通过为高新技术企业、高校和科研院所提供大量的资金和风险投资，促进新企业的诞生、成长和持续创新，支持企业、高校和科研院所开展研发活动，加速创新过程。

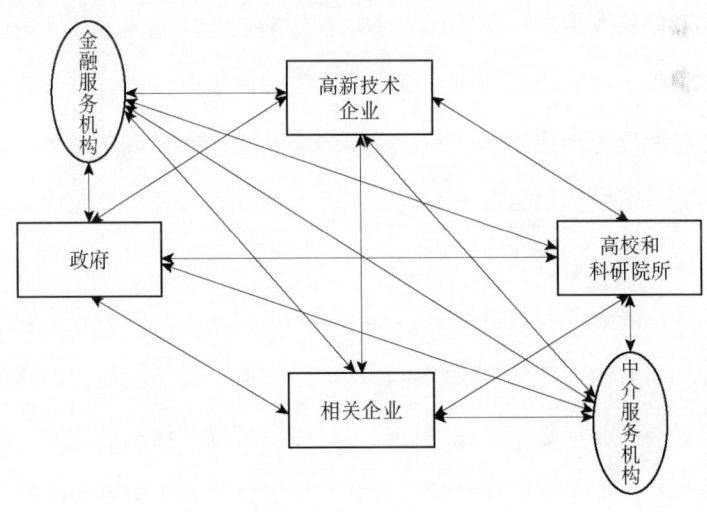

图2-5 高新区创新网络

由此可见，创新网络是高新区创新发展的重要组织保障，是高新区创新发展的本质和核心，高新区创新活动的高效开展，离不开各创新主体的有效互动与协同。萨克森宁的研究表明，硅谷的巨大成功就是依赖于硅谷相互结网、相互依存的协同网络体系[36]。各创新主体间通过广泛、多层次的人才、技术、信息、资金、政策等创新资源的相互交流与合作，形成产学研、官产学研、官产学研介、官产学研介金等多种组合与运行方式，以实现各创新主体间的互补互动、协同发展，进而加快创新的速度，提高创新的成功率。从国内外典型高新区创新发展的一般规律我们可以看出，企业和大学、科研院所组合而成的产学研一体化机制是最主要、最核心的网络协作机制，包括官产学研介金在内的产业技术多元互动创新战略联盟也日益成为解决产业重大共性技术问题的重要平台。

2.4.4 环境保障机制

环境保障机制是实现国家高新区创新发展的最基础的机制。国内外典型高新区成功创新发展的经验都已表明，良好的创新环境是促使区内新企业不断繁衍和集聚、产生协同效应、推动创新发展的基础保障。良好的创新环境是高新区创新能力形成的基础和前提，是高新区创新发展的温床，它可以为企业的创新、衍生提供必要的空气、阳光、水分和土壤，使企业如同雨后松林中的蘑菇，成片、自然地生长。

高新区良好的环境,包括优良的自然环境(宜人的气候和秀美的风光等)、区位条件（著名的大学和科研院所、便捷的交通、发达的通信网路）、产业环境（较好的工业基础、产业集群度）、制度环境（优惠的政策、健全的法律制度体系）、市场环境（发达的人才、技术、信息、资本和产权交易等市场）和文化环境（肯于冒险的文化、敢于创新的精神、规范的信用体系、较低的交易成本等）。其中，基础设施建设、资本和人才储备等硬环境是高新区创新发展的原动力，而政策、法律、人文等软环境则是高新区创新发展的驱动器，在高新区创新发展中起着更为重要的作用。在国际高新区创新发展的比较研究中，一些学者将硅谷文化和制度环境视为硅谷成功的关键。其中，最具有代表性的是，美国学者萨克森宁在对比分析造成美国两个主要高新区——硅谷和128公路发展差异的经济社会文化因素时深刻指出，产生这种差异的根本原因在于它们完全不同的制度环境和文化背景[36]。也正是在这种意义上，国内学者吴敬琏在研究发展我国高新技术产业时特别强调指出："制度重于技术。"[71,72]因此，在具备良好硬件环境的高新区，更应注重创造有利于创新的社会文化氛围和技术企业发展的政策环境、制度环境、市场环境及健全的法律服务体系等软环境，为高新区的创新发展创造各种优良的环境和条件。

总之，在推动国家高新区创新发展的四大实现机制中，环境保障机制是实现高新区创新发展的基础和前提，集群发展机制是实现高新区创新发展的根本动力，网络协同机制是实现高新区创新发展的组织保障，创新驱动机制是实现高新区创新发展的灵魂和精髓，四者之间相辅相成、相互促进，共同构成了实现高新区创新发展的机制系统，为高新区创新能力的不断生成、累积和提升提供了良好的机制保障。

2.5 小结

高新区作为20世纪新的经济社会组织形式，承载着高新技术的创新和产业发展的功能，这种功能通过"搭建创新平台→营造创新环境→聚集创新资源→孵化高新技术企业→促进高新技术产业化"的发展链条实现，有明显不同于其他地域或组织的发展特点，即创新发展。高新区的创新发展如同生物演化。生物演化是朝着有利于其生存的方向演化，高新区的创新发展则是朝着有利于其创新能力成长的方向演化。

高新区的创新发展过程就是高新区创新能力的形成过程，高新区创新能力的不断形成、累积和提升是高新区创新发展的主线。因此，本章结合美国硅谷、中国台湾新竹、印度班加罗尔和北京中关村等国内外典型成功高新区创新发展实践经验，借鉴产业集群生命周期、国家竞争优势发展阶段、空间经济学、社会网络及全球价值链等理论，从创新能力培育与成长视角，将我国国家高新区创新发展阶段划分为贸易-加工、制造-研发、研发-创业和创业-品牌四个阶段，进而阐释了我国国家高新区创新发展的多样化阶段-路径模式，提出了我国国家高新区创新发展的创新驱动、集群发展、网络协同和环境保障四大关键实现机制。

第 3 章
我国国家高新区创新能力解构四维理论模型

尽管高新区的创新发展过程就是高新区创新能力的形成过程，高新区创新发展路径及实现机制从某种意义上诠释了高新区创新能力形成的一般规律，但高新区创新能力的形成要依赖于高新区创新体系的运行得以实现。因此，本章在对国家高新区创新能力内涵及基本特征进行界定与分析的基础上，从我国国家高新区创新体系结构及其运行机理视角，借鉴 FP&S 和 M&J 两大国家创新能力理论模型，将创新活动条件因素和组织运行因素引入创新能力研究领域，构建国家高新区创新能力解构四维理论模型，阐明国家高新区创新能力形成机理，明晰影响国家高新区创新能力形成的关键性决定因素，为科学评价我国国家高新区创新能力、探寻其能力结构模式提供理论支撑。

3.1 国家高新区创新能力内涵及基本特征

国家高新区创新能力始终是支撑高新区创新发展的决定力量，其创新能力的大小在国家高新区创新发展中起根本性作用。国家高新区创新能力具有区别于一般区域创新能力的内涵及基本特征。

3.1.1 国家高新区创新能力内涵界定

由《辞海》对"能力"一词的解释——"成功地完成某种活动所必需的个性心理特征"[73]，我们可以将创新能力界定为"成功地完成创新活动所必需的基本条件或基本要素"。学界关于创新能力的研究，从技术、制度、组织和综合等不同视角进行了广泛探索，为本书对国家高新区创新能力内涵的界定提供了许多有益启示。鉴于国家高新区创新能力是一种特殊的区域创新能力，我们首先要明确区域创新能力内涵的界定。关于区域创新能力内涵问题的研究，学界主要是从区域创新体系结构分析、技术性描述两个视角开展研究的。

从区域创新体系结构分析视角，区域创新能力内涵的研究是伴随国家创新体系理论的提出与研究开始的。1987年弗里曼（C.Freemen）在研究"日本模式"成功经验时提出了国家创新体系概念，并指出国家创新能力是一个系统的、综合的能力体现[74]。之后，波特[75]、纳尔逊（R.Nelson）[76]、经济合作与发展组织（Organisation for Economic Co-operation and Development,

OECD）[77]等对此也都做了深入研究。他们认为，国家创新能力是一个国家形成长期的和产生与商业相关的创新流的潜能。其中，波特认为，国家创新能力反映的不是已经实现的某一历史时间节点上的创新产出水平，而是创新过程中更基本的决定因素；国家创新能力的生成和提高依赖于国家创新体系的良好运转，其中，作为相互补充的两种力量，市场与政府共同推动着科技与经济的发展[78, 79]。

从区域创新技术性描述视角，弗曼（J.L.C.Furman）、波特和斯特恩（S. Stern）认为，区域创新能力是由生产一系列相互关联的创新产品的潜力所确定的[80]。与此类似，玛丽·李德尔（Mary Riddel）和基思·什维尔（Keith R. Schwer）把区域创新能力定义为区域内不断产生与商业相关联的创新的潜力[81]。在对创新能力内涵的理解上，虽然知识的创造和知识的扩散对创新都很重要，但是阿尔奇布基（D.Archibugi）和可可（A.Coco）则认为，对发达国家而言知识的创造很重要，而对不发达国家来说知识的扩散很重要[82]。

由此可见，区域创新能力反映的不仅是已经实现的某一历史时间节点上的创新产出水平，而更重要的是反映一个区域形成的不断产生与商业相关联的创新潜能。国家高新区作为承载高新技术创新及其产业发展功能的特殊区域，是各级政府或市场基于"便于创新"的目的而不断形成、发展或建设起来的，具有高新技术企业密集、高技术知识密集、高人才密集、高资金密集、高政策资源密集等基本特征。

综合能力、创新能力、区域创新能力的内涵，结合国家高新区创新发展的特殊性，本书认为应从以下几点理解和把握国家高新区创新能力的内涵：①国家高新区创新能力反映的不仅是已经实现的某一历史时间节点上的创新产出水平，而更为重要的是影响国家高新区创新能力形成的更基本的关键因素；②决定国家高新区创新能力形成更为关键的因素是创新主体及其创新主体之间的组合运行方式,它决定着创新资源的集聚规模和投入的数量、质量以及结构的优化程度,进而决定着创新产出水平;③国家高新区创新能力是在各级政府推动和市场拉动两大机制的耦合作用下形成和发展起来的;④国家高新区创新能力是系统综合的能力,它既是技术、组织、文化等创新要素的集成,也是高新技术企业、高校和科研院所、政府、金融服务机构、中介服务机构等多个创新行为主体的创新能力的协同。

基于上述分析,本书将国家高新区创新能力界定为:在各级政府推动和市场拉动两大机制的耦合作用下,通过高新技术企业之间以及高新技术企业与大学、科研机构、政府、中介服务机构、金融服务机构等各个创新行为主体的有效互动和联结,实现对以人力资源为核心的人才、知识、技术、资金、信息、物质和政策等各种创新资源的创造性有效集成,产生科技创新成果,实现科技创新成果转化,形成高新技术产业整个过程的能力综合。

3.1.2 国家高新区创新能力基本特征

相对于一般区域而言,国家高新区创新能力具有网络协同性、综合集成性和转化特性等三大基本特征。

1. 网络协同性

高新区创新能力本质上是一种网络组织的协同创新能力。高新区作为一种独特的区域创新网络组织,它的形成和发展过程就是一个区域创新网络组织的形成和发展过程。因此,高新区创新能力不仅取决于企业、高校和科研机构、园区政府、中介服务机构和金融服务机构等多个创新行为主体各自的创新能力,更取决于各创新行为主体相互间广泛、多层次的各种技术合作,以及人才、知识、技术、资金、信息、物质和政策等各种创新资源的相互交流、有效互动的组织协同创新能力。园区网络节点、连线越密集,创新主体间的组合运行方式越趋于合理，创新速率和效率就越高，网络协同效应就越显著。

2. 综合集成性

高新区创新能力反映的不是已经实现的某一历史时间节点上的创新产出水平，而是高新区"环境支撑→组织运行→创新投入→创新产出"创新过程中更基本的决定因素。也就是说，创新产出水平可以反映某个时间点上的高新区创新能力水平，但更为重要的是决定创新过程的高新区内外各创新要素在园区内的创造性集成。即高新区创新能力不仅包括创新产出能力，更应包括创新网络的协同创新能力即创新组织运行能力，还应包括支撑网络运行的环境支撑能力和网络创新投入能力。由此可见，高新区创新能力是以网络组织运行能力为核心的涵盖环境支撑能力、创新投入能力和创新产出能力在内的综合集成创新能力。

3. 转化特性

高新区作为国家和地区研发、生产高新技术产品和促进科研成果商品化、产业化的特殊区域，其创新产出能力的强弱不仅体现在高新区所研发出来的新知识、新技术、新工艺上，更突出地表现在对这些科研成果的商品化、产业化的转化能力上，即表现在生产出来的拥有自主知识产权的新产品和不断创造新产业的能力上，它是由高新区生产出来的新产品产值及其在国内外市场上的销售额来体现的。

3.2 模型构建的理论基础

高新区创新体系是高新区创新能力形成的组织载体，高新区创新能力是高新区创新体系的功能实现。因此，探求国家高新区创新能力的形成，首先需从国家高新区创新体系的构成分析入手，并在此基础上引入结构-功能分析、投入-产出分析、系统-环境分析等方法，厘清国家高新区创新体系的运行机理，为更好地把握国家高新区创新能力的形成机理奠定基础。

3.2.1 高新区创新体系与国家创新体系和区域创新体系

创新体系（innovation system）的概念是伴随创新过程中创新主体间、创新主体与创新环境间的交互作用对于创新成功的重要性的日益凸显而出现的，最早应用在国家层面，形成了国家创新体系理论。作为国家创新体系研究的衍生物，区域创新体系概念一经提出，便得到了学术界的普遍认可。奥马（K.Ohmae）研究指出，随着经济全球化的深入发展，经济意义上的"国家"形态正日益让位于"区域"形态，区域便开始成为真正意义上的经济利益体[83]。库克（P.Cooke）和摩根（K.Morgan）等学者通过对欧洲四个地区企业的研究也指出，在全球竞争日益加剧的背景下，企业关键的商业联系仍然集中在区域范围内[84]。因此，库克主张创新体系在区域层面上更具有实践中的可操作性[85]。当创新体系研究发展到区域层面后，就开始与产业集群研究相结合。阿什海姆（B.T.Asheim）和伊萨克森（A.Isaksen）将区域创新体系划分为地域根植型区域创新网络（territorially embedded regional innovation network）、区域网络式创新体系（regional networked innovation systems）和区域化国家创新体系（regionalized national innovation system）[86]。很显然，高新区作为我国国家创新体系和区域创新体系建设的有效抓手和具有可操作性的物理空间和政策平台，是区域化的国家创新体系的具体形式。因此，为了更好地把握高新区创新体系，我们有必要对国家创新体系和区域创新体系的研究成果进行梳理，以资借鉴。

1. 国家创新体系

国家创新体系（national system of innovation，NIS）是弗里曼于 1987 年

研究"日本模式"成功经验时提出的,并将其界定为"一种公共和私人部门间的机构网络,(通过)这些公共部门和私人部门间的活动及其相互作用,创造、引入、改进和扩散新技术"[74]。之后,伦德瓦尔(B.Lundvall)[87]、纳尔逊[76]、帕特尔(P.Patel)和帕维特(K.Pavitt)[88]、埃德奎斯特(C.Edquist)[89]、经济合作与发展组织[77]等也都从不同视角对国家创新体系的概念作了界定。其中,学界较为公认的是经济合作与发展组织的界定。经济合作与发展组织认为,国家创新体系是一组独特机构的集合,它共同或单独致力于新技术的开发和扩散,并为政府提供一个制定、执行政策以干预创新过程的基本框架,是一个创造、储存和转移知识、技术和技能的相互联系的机构系统。

关于国家创新系统构成,弗里曼将其分解为政府、企业研究开发、教育培训、产业结构四个部分[74]。伦德瓦尔认为国家创新体系有广义和狭义之分,狭义的国家创新体系包括参与研究和探索活动的R&D机构、技术学院和大学等组织;广义的国家创新体系包括经济结构,以及影响学习、研究和探索的所有部门和方面,如生产系统、市场系统、财政系统及其子系统[87]。帕特尔和帕维特认为国家创新体系包括国家制度、激励结构和竞争力的相关机构,即企业、政府、大学和其他教育部门[88]。经济合作与发展组织则将国家创新体系概括为企业、政府部门、大学科研机构和中介部门四个组成部分[77]。

由此可见,迄今学者们对国家创新体系概念及其构成的理解尚未形成统一的标准和认识,但综合国家创新体系的有关研究成果,我们不难发现关于国家创新体系概念及其构成的一些基本理论共识:一是国家创新体系是一国为了实现以科技创新促进经济增长和增强竞争力的一种制度安排,体制、政策等因素体现国家创新体系的运行关系,是国家创新体系的本质特征[90];二是国家创新体系强调的是由构成系统的微观活动主体要素(包括政府、企业、大学、研究机构、中介服务机构等)相互作用而形成的一个网络系统,且系统绩效很大程度上取决于各微观活动主体如何相互联结成为一个创新的集合体；三是国家创新体系的最终目标是促进各种创新资源要素（尤其是知识）在网络系统内部的循环流转，提高创新资源配置效率，实现经济效益最大化。

2. 区域创新体系

区域创新体系（regional innovation system，RIS）是库克（Cooke）1992年正式提出的[91]。之后，学者们进行了广泛而深入的研究。归纳总结起来，主要聚焦在要素和集群两个视角。

从要素视角，库克等认为区域创新体系是由在地理上相互分工与联系的生产企业、研究机构和高等教育机构等构成的一种区域性组织系统，它支持并产生创新[92]。安德森（H.W.Aslesen）认为区域创新体系中的创新主体不仅包括生产企业、教育机构、研究机构，还包括政府机构和金融、商业等创新服务机构[93]。奥蒂奥（E.Autio）认为区域创新体系主要包括知识应用与开发和知识生产与扩散两个子系统，并将教育机构、研究机构及中介服务机构全部作为创新主体囊入区域创新体系中[94]。黄鲁成依据奥蒂奥的"双系统结构"，将区域创新体系拓展为知识创新、技术创新、知识传播和知识应用四个子系统[95]。库克和逊斯托克（G.Schienstock）认为，区域创新体系是由具有明确地理边界和行政安排的创新网络和机构所组成的，它包括大学、研究机构、个体企业及企业网络或企业集群、政府部门、技术转移机构、商会或行业协会、投资者和银行等。这些创新网络和机构为提高区域内部企业的创新产出，以正式和非正式的方式不断强化其相互作用[96]。拉托塞维克（S.Radosevic）通过对中东欧区域创新体系的研究，构建了"国家-行业-区域-企业"四要素模型[97]。胡志坚和苏靖通过对国内区域创新体系的研究认为，区域创新体系主要由主体要素、功能要素和环境要素构成[98]。格拉夫（H.Graf）和亨宁（T.Henning）通过对东德地区创新网络的研究认为，大学和研究机构在区域创新网络中占据非常重要的地位，创新网络密度越大，大学和研究机构就越多[99]。勒科克（C.Lecocq）和范洛伊（B.van Looy）通过对欧洲地区的产学合作对区域创新产出绩效影响的考察，认为在技术萌芽及成长期，产学研合作对区域绩效具有积极的促进作用[100]。

从集群视角，库克等认为区域创新体系可以通过产业集群的概念来定义[96]。阿什海姆和伊萨克森则认为区域创新体系就是由支撑机构环绕的区域企业或产业集群[86]。帕德莫尔（T.Padmore）和吉布森（H.Gibson）提出了 GEM 模型，即基于产业集群的"基础-企业-市场"（groundings-enterprises-markets）区域创新体系模型[101]。库克提出了基于产业集群的知识应用和开发子系统、知识产生和扩散子系统"双系统结构"模型[102]。魏江在考察创新系统历史演进的基础上，构建了以集群为核心的由企业-基础-环境三类要素、核心-辅助-外围三个层次构成的集群创新系统总体结构模型[103]。

由此可见，学者们对区域创新体系内涵、构成及其基本特征的研究，尽管提出了许多不同的观点，但实际上都包含了一些核心的理论要点：一是相对于国家创新系统而言，区域创新体系在实践中更具有可操作性，是促进区域经济发展的重要基础；二是区域创新体系是主要由主体要素、功能要素和环境要素构成的以产业集群为基础的集群创新体系；三是区域创新系统的主体要素由企业、高校和科研院所、地方政府、金融服务机构和中介服务机构等与创新活动相关的主体构成；四是都特别强调各创新主体间的互动与联结，它直接关乎区域创新体系的绩效。

3. 国家高新区创新体系是国家创新体系和区域创新体系建设的有效载体

毋庸置疑，在全球化和大科技时代相叠加的背景下，国家创新体系是提升国家创新能力和国际竞争力的根本保障。正如弗里曼所说："一国政府、国家经济和国家创新体系仍是经济和政策分析的必不可少的领域……从发展中国家的角度来看,国家在技术追赶方面的政策仍是首要的。"[104]国家不仅需要直接组织或参与某些创新活动,更需要通过顶层设计来制定国家科技发展战略及政策,将大学和科研机构等科技组织、企业等经济组织要素在国家层面上进行有机整合,促进科技与经济的紧密结合,增强国家的创新国际竞争力,提升国家的国际地位。由此可见,国家创新体系理论为在国家层面研究科技与经济结合指明了战略方向,为增强国家创新竞争力提供了重要的理论基石。但在实践中,由于国家创新体系层次较高,缺乏有效、可控的空间载体支撑,政策的着力点、方向和目标难以明确,直接表现在对大学、科研机构、企业等微观创新活动主体的发展选择不能有效指导;同时,目前国家创新体系理论对创新系统中各构成要素功能的解析,多以静态的解构方式予以分析,这种分析范式很容易导致对创新系统认识的片面化,系统功能被人为机械地进行条块分割,如由高校和科研院所构成的知识创新体系负责知识创新,由企业构成的技术创新体系负责技术创新。很显然,这种解构范式剥离了功能所依存的具体情境,尽管提出了知识创新体系、技术创新体系、科技中介服务体系等建设目标,但这些体系如何变得有效尚缺乏明确的思路和切实可操作的手段,系统绩效因此不易发挥出来。

区域创新体系理论的研究在一定程度上弥补了国家创新体系理论研究的不足,但区域创新体系理论也同样存在一些不足:一是区域创新体系的边界界定问题。它是国家内部的行政区域,还是跨国界的区域?是国家内部的一个行政区域,还是国家内部多个行政区域联结而成的经济区域?还是国家内部一个行政区域中的一个非常狭窄的地理区域?已有文献对此界定也不是很一致。二是学界尚存区域创新体系就是国家创新体系概念空间缩小的错误认识。尽管从实践上来看,区域创新体系的概念是由国家创新体系衍生而来的,但两者之间绝非边界放大和缩小的简单关系,那么区域创新体系与国家创新体系如何实现有机连接和整合？三是尽管学界以产业集群为分析基础来探究区域创新体系，但严格来讲，产业集群和创新系统并不是一回事，尽管它们都有以企业为单位、以地理位置为划分边界等共同特点，但它们是两种不同的体系。高新区创新体系与草根型区域创新体系有何区别和联系？四是区域创新体系功能实现的路径问题。区域创新体系在具备怎样的条件下才能出现？区域创新体系的功能通过怎样的物理空间和载体才能更好地得以实现？

综上所述，在实践上，无论是国家创新体系的建设还是区域创新体系的建设，都需要有一个确定的、可操作的物理空间和载体，以实现区域创新体系与国家创新体系的有效对接，通过顶层设计，自上而下合理地规划创新型国家建设。在我国，国家高新区的崛起已为我国国家创新体系和区域创新体系的建设提供了一种新的思路、一种现实的抓手和一种具体化可操作的物理空间和政策平台，国家创新体系与区域创新体系的运行和建设就有了可操作的基础[55]。我国国家高新区建设的初衷就是为了"便于创新"，即在特定区域内实现政、产、学、研、介、金等微观单元协调运转的创新体系，以推进协同创新、集成创新。因此，国家创新体系理论和区域创新体系理论的发展需要新的理论支撑。在此背景下，学者们已开始关注高新区创新体系。例如，库克等学者将以集群为基础的区域创新体系分为两种类型：一种是以传统产业为主的草根型区域创新体系，另一种是以高技术产业为主的高新区[105]。再如，魏江就曾指出，"以产业集群为分析基础的集群创新系统，应定位在相对集中的狭窄地理区域内，如美国的硅谷、我国北京的中关村"[103]。国家高新区创新体系作为区域创新体系、国家创新体系的重要构成部分，在体系内部可以完成从知识创造与传播、知识转化与应用及知识商业价值实现这一完整创新过程的顺利运行；在体系外部，国家、区域和地方可以通过高新区内部的组织单元建立与外部组织广泛的创新联系，形成发达的创新网络，使大学、科研机构、企业、政府、中介服务机构等私营和公共部门可以高新区为平台聚焦，汇成创新的合力。这样，就实现了国家高新区创新体系与区域创新体系和国家创新体系的成功对接，正是在这个意义上，国家高新区创新体系就是区域化的国家创新体系。

鉴于以上分析，借鉴学界对国家创新体系、区域创新体系内涵的界定，结合国家高新区发展的战略目标及其历史使命，本书认为，国家高新区创新体系是指在国家高新区地理区域内，以高新技术产业集群为基础，以建设创新型国家为战略基点，通过一定的规制安排，由高新技术企业、高校、科研机构、政府、金融服务机构和中介服务机构等创新主体要素相互作用而构成的创新网络，在政府推动和市场拉动两大机制的耦合作用下，以正式和非正式的方式，实现知识、技术、资金、人才、信息、物质、政策等创新资源要素的高效集成与整合，提升园区创新能力的各种活动及相互关系。

理解国家高新区创新体系概念，需要把握以下几点：一是国家高新区创新体系具有明确的边界界定，就是在国家高新区地理区域范围内，国家高新区是高新技术产业发展的物理空间和重要载体，集群是其本质特征；二是国家高新区有别于一般区域和省、市高新区，它承载着发展高新技术产业、抢占世界科技研发高地的重要国家使命，因此，国家高新区创新体系的构建必须契合创新型国家建设、创新驱动发展战略的实施；三是规制安排包括政府政策、法规，以及区域文化、金融等系列政策；四是国家高新区创新体系是一种网络式创新体系，网络式创新绩效与正式的组织间关系和非正式的人际关系密切程度紧密相关；五是国家高新区创新体系的功能是集聚创新资源、实现创新资源的高效整合和优化配置，不断提高国家高新区的创新产出能力。

3.2.2 国家高新区创新体系结构

由对国家高新区创新体系概念的界定,我们可以看出,国家高新区创新体系是通过一定规制安排、以高技术产业集群为基础的、由相互作用的各创新主体而构成的创新网络体系,而创新网络中存在正式或非正式的相互关系,即创新体系结构。关于国家高新区创新体系的结构,国内学者多是依据区域创新体系的结构进行解析的,尚存较大差异。

关于高新区创新体系的结构,李琳等[23]、孙万松[25]、夏亚民[15]、郭丕斌等[27]、欧光军和孙骞[29]、解佳龙和胡树华[17]等学者多是依据区域创新体系的结构进行解析的。尽管不同学者在系统框架构建上尚存较大差异,但划分标准都是依据系统要素所发挥的具体功能而确定的,且各个系统结构均强调了创新要素之间的互动关系。其中,李琳、郭丕斌、欧光军等的系统结构是基于产业集群而构建的,李琳的研究强调了企业在创新网络中的核心地位,但他们都将政府这一创新主体纳入到环境系统或支持系统中,弱化了政府的作用。很显然,这不能很好地反映我国国家高新区创新发展的实际。许多国外学者在研究中将政府作为创新的外围要素,是因为他们多是以发达国家或地区为研究对象的,发展中国家或地区并未被纳入其视野。可以说,发达国家或地区市场经济很发达,技术创新优势也很明显,企业创新的自主性、开拓性较强,政府在创新网络中很显然并非主体、核心,而像我们中国这样的发展中国家则不然。更为重要的是,高新区创新系统不同于一般性的区域创新系统。按照库克对区域创新系统类型的划分(草根型 grassroots、网络型 network 和规划型 dirigiste)[106],很显然,除了美国硅谷和 128 公路外,其他世界各地高新区基本都属于典型的规划型区域创新系统。因此,政府在高新区创新系统中,毫无疑义地也是重要的创新主体之一,中国台湾新竹和印度班加罗尔等科技园的发展实践也充分证明了这一点。夏亚民、孙万松和解佳龙等的系统结构,尽管将政府纳入到了创新主体系统中,突出了主体作用,但三者的系统结构模型中都没能充分地展现政府、企业、大学和科研机构、中介服务机构和金融服务机构等创新主体之间的互动关系。与此同时,从目前学界提出的六种主要的高新区创新系统结构模型来看,除孙万松从高新区核心竞争力视角对高新区创新系统解析外,从根本上而言,其他五种结构模型均是系统圈层解构式的研究范式。这种研究范式,可以很好地解释各个子系统的功能、作用,但却在不同程度上割裂了创新主体要素间的整体性、互动性和协同性,不能很好地反映国家高新区网络协同创新的本质。

因此,借鉴学界建立的高新区创新体系结构模型,根据前文对国家高新区创新体系概念的界定和解析,构建以系统网络为核心的国家高新区创新体系网络结构模型,如图 3-1 所示。模型包括系统环境、系统要素、系统网络和系统绩效四个组成部分。其中,系统环境包括系统内部的区位条件、自然环境、经济环境、市场环境、制度环境和文化环境,以及系统外部的区域环境、国际环境等;系统要素主要包括资源要素(人才、知识、技术、资金、信息、物质和政策等)和组织要素(高新技术企业、大学、科研机构、政府、中介服务机构和金融服务机构等)两大方面;系统网络是指以高新技术企业、大学和科研机构、政府、金融服务机构和中介服务机构等创新行为主体为节点,以人才、知识、技术、信息、资金、物质、政策等资源流动为连线而构成的创新行为主体间正式或非正式的联结和互动关系;系统绩效是系统运行的最终目标,包括新思想、新知识、新技术、新产品和新产业五个基本要素。

该国家高新区创新体系结构模型具有两大特点:一是突显了高新技术企业、大学和科研机构、各级政府、金融服务机构和中介服务机构等创新行为主体间的整体性、互动性和协同性，较好地反映了政府在我国国家高新区创新发展实践中的突出贡献和作用以及高新区网络协同创新的本质；二是突显了系统网络在国家高新区创新体系结构中的核心地位，它是创新系统开展创新活动的中枢；三是反映了"系统环境→系统要素→系统网络→系统绩效"的高新区创新体系运行的价值逻辑。

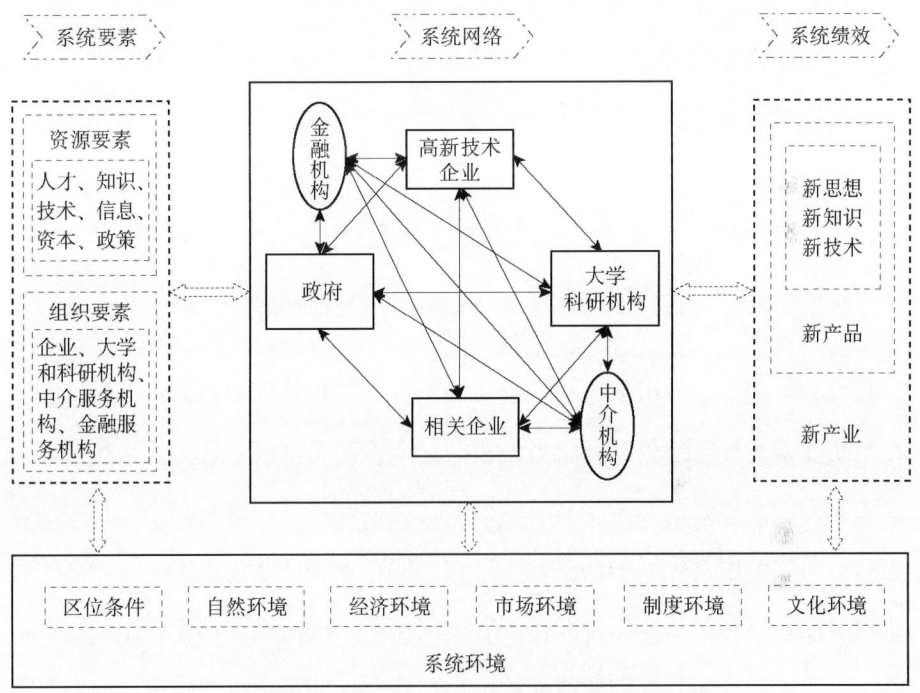

图 3-1　国家高新区创新体系网络结构模型

3.2.3　国家高新区创新体系运行机理

根据国家高新区创新体系结构模型，我们可以将体系构成的系统环境、系统要素、系统网络、系统绩效四大基本要素之间的动态过程进一步细化，构建国家高新区创新体系运行机理模型，如图 3-2 所示。在高新区创新体系

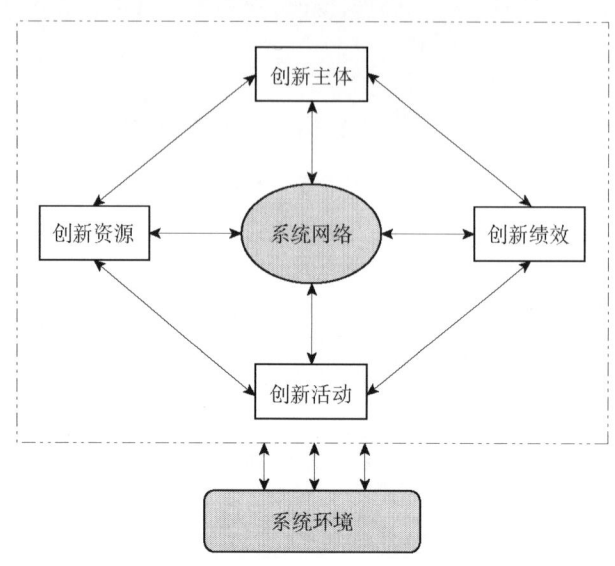

图 3-2　国家高新区创新体系运行机理模型

运行机制模型中,为了便于分析国家高新区创新体系的创新活动过程,我们将系统要素进行了细分,并将系统组织要素改称为创新主体,将系统资源要素改称为创新资源,同时将系统绩效改称为创新绩效,这样我们就可以清晰地总结出整个创新体系的动态运行过程,即在系统环境的作用下,创新主体通过对创新资源的重新组合或再配置开展创新活动,实现创新产出的过程。其中,系统网络是开展创新活动的中枢,创新主体在系统网络中即为网络节点;创新资源为系统网络中的流动要素,创新资源的流动形成网络节点间的连线;创新活动是创新主体为获取新知识、新技术、新产品或是创造新产业而通过网络关系建立合作而进行的各种动态活动的过程;创新绩效就是创新主体运用创新资源开展创新活动而获得的成果即创新产出,包括新知识、新技术、新工艺、新产品、新产业等。

在整个国家高新区创新体系运行过程中,系统环境是系统运行的基础,为系统要素的聚集、系统网络中各主体要素的有效联结、系统绩效的实现提供最基础的环境支撑；系统要素是系统运行的基本条件，为系统网络的运行、系统绩效的实现提供最基本的组织和资源保障；系统网络是系统运行的本质和核心，它通过系统组织要素即创新行为主体以正式或非正式的方式联结成网，决定着系统资源要素流动与配置的质量和效率，直接关乎系统产出的绩效，同时它对系统内外环境的改善也有着正向的促进作用；系统绩效是系统运行的最终目标，即创新产出成果，创新产出成果又构成了高新区创新系统运行的新的经济技术条件和物质依托，良好的系统绩效对系统网络运行质量和效率的提升、系统要素的进一步集聚、系统环境的进一步改善都有着巨大的激励作用，从而推动高新区创新体系创新的可持续发展。由此可见，国家高新区创新体系是一个具有较强自组织性和网络化的创新系统。

需要特别指出的是，本书认为，在国家高新区创新体系网络构成中，高新技术企业、大学和科研机构、各级政府、中介服务机构、金融服务机构都是创新主体，它们通过各种正式、非正式关系联结成网，紧密的网络创新恰恰是国家高新区创新体系区别于国家创新体系和其他区域创新体系的独特之处。国家创新体系是松散的网络结构，区域创新体系主体性要素可有缺失，是松散的网状或链状结构[107]。在国家高新区创新体系网络中，创新主体即为网络节点，节点之间的连线即为网络关系。网络关系既包括网络节点间流动的人才、知识、技术、资金、物质、政策等正式关系，也包括创新主体间为促进知识、技术、信息等资源流动的非正式关系。正式关系包括以企业为创新中心的基于创新活动发生的水平或垂直关系，以及高新技术企业之间、高新技术企业与大学、科研院所、各级政府、金融服务机构和中介服务机构之间的正式契约关系。其中，高新技术企业与大学、科研院所之间的联系即产学研合作，或是高新技术企业与大学、科研机构或其他组织机构之间的联系而结成的技术创新合作组织即产业技术创新战略联盟，是推动高新区创新发展、促进技术进步和知识更新的最重要连接。非正式关系则是指，在共同的社会文化背景和彼此信任的基础上，基于共同的价值观念而建立起来的人与人之间的社会关系网络，这种关系网络不仅可以节约交易费用、降低交易风险和不确定性，而且更重要的是，它能够有效地传递和扩散默会知识，激发创新灵感，诱发创新涌现，加速创新进程，从而有利于创新活动的更高效开展，有利于创新成果的快速扩散与传播。社会关系网络的形成，是高新区创新体系成熟的标志。

在国家高新区创新体系中，创新成果主要发生在网络节点上，网络节点越密集，创新主体间的联系就越多，即创新主体间的交流机会就越多，网络体系的创新能力就越强，组合运作方式就越合理[108]。完善的高新区创新网络是一个自我发展的动态网络。通过系统内企业的不断衍生、旧企业的退出或转型，网络节点数目和作用会不断增强，激发创新并通过网络快速传播，创新网络不断扩展，形成一个良性循环，进而增强某个或几个产业的竞争优势。

3.3 模型构建

依据"系统环境→系统要素→系统网络→系统绩效"的国家高新区创新体系运行的价值逻辑，借鉴FP&S和M&J两大国家创新能力理论模型，构建国家高新区"环境支撑-组织运行-创新投入-创新产出"解构四维理论模型，阐明国家高新区创新能力形成机理，进一步明确影响国家高新区创新能力形成的关键决定因素，为国家高新区创新能力评价及其结构模式分类研究提供理论支撑。

3.3.1 国家创新能力理论模型借鉴

关于创新能力构成模型,目前学界比较公认的就是 FP&S 和 M&J 国家创新能力理论模型,这两大理论模型为创新能力形成机理和实现路径的分析提供了理论范式,对高新区创新能力构成研究也提供了很好借鉴。

2002 年,弗曼、波特和斯特恩(FP&S)[109]在国家竞争优势理论和国家创新体系理论的基础上进一步界定了国家创新能力的概念,提出了国家创新能力构成的理论模型,如图 3-3 所示。根据该模型,国家创新能力由公共创新基础设施、集群特有的创新治理环境及两者之间的联系质量三个方面的因素决定。其中,公共创新基础设施包括技术经验积累、用于研发活动的人力资本和金融资源、公共政策(包括用于教育和培训的投资、知识产权保护、国际贸易开放度和研发的税收政策);集群特有的创新治理环境包括要素投入条件、企业战略与竞争、需求条件、相关和支撑产业;两者之间的联系质量包括大学体系、大量正式和非正式的组织与网络。

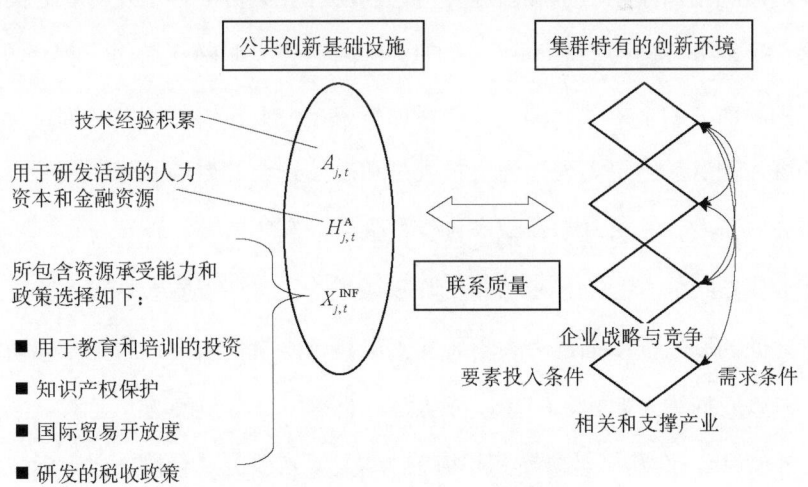

图 3-3 FP&S 国家创新能力构成理论模型

FP&S 国家创新能力构成理论模型的主要贡献有四方面：一是在国家竞争优势理论、创新体系理论和创新能力理论的基础上对国家创新能力概念进行了进一步的界定；二是认为公共创新基础设施、集群特有的创新环境及两者之间的联系质量是影响国家创新能力形成的决定性因素；三是强调了国家政策对国家创新能力影响的重要性；四是该理论模型为国家创新能力形成机理和实现路径的分析提供了理论范式。但也存在着不足：一是它没有将创新能力的驱动要素和能力的承载主体区分开来，并不能很好地揭示创新能力的形成机制；二是它没有将科技创新和产业创新即创新能力经济实现做出区分，不能很好地阐释创新能力形成和创新能力经济实现之间的关系。

2005 年，胡梅芷（Mei-Chih Hu）和约翰·马修斯（John A. Mathews）（M&J）[110]在 FP&S 模型的基础上，对国家创新能力进行了进一步的扩展和细化，如图 3-4 所示。通过图 3-4 可以看出，M&J 的国家创新能力分析模型相对于 FP&S 模型而言，基本的框架结构并未发生变化，国家创新能力主体框架仍旧包括国家创新基础设施实力、创新产业集群的环境及两者之间的联系这三个部分，但他们对于每一个部分的阐述更为明确、细化，而且增加了国家创新能力的下游效应部分。在该模型中，他们将国家创新基础设施实力中的资本和劳动力资源表述为科技人员和研发资金，资源承诺和政策选择表述为公共研发、开放度、知识产权保护强度、高等教育、反托拉斯、专利存量和人均 GDP；将创新产业集群的环境表述为私人研发资金和技术强度；将两者之间的联系强度描述为大学研发支出和风险投资实力；将国家创新能力的下游效应描述为期刊、GDP、劳动力、非本国资本和市场占有率。

2007 年，约翰·马修斯和胡梅芷[111]又重点研究了台湾交通大学、台湾大学、台湾"清华大学"和工业技术研究院对台湾地区创新能力的影响。研究结果表明，台湾地区的大学对于私人部门的知识生产、知识扩散起着至关重要的作用，大大提升了台湾地区的创新能力。

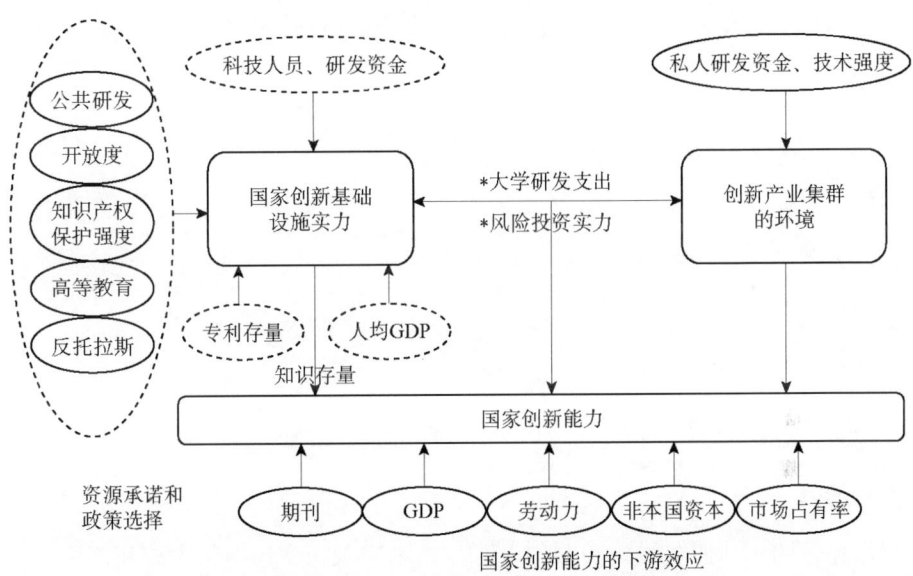

图 3-4 M&J 国家创新能力构成理论模型

相对于 FP&S 国家创新能力理论模型而言，M&J 国家创新能力分析模型尽管并没有本质性的超越，但它区分了科技创新与产业创新即创新能力经济实现，在一定程度上解释了创新能力形成和创新能力经济实现之间的关系，而且在其后续研究中，也将创新能力的驱动要素与能力承载的主体进行了一定程度上的区分，为本书的研究提供了一定的借鉴。

以上两种国家创新能力理论模型很好地阐释了创新资源条件、创新环境和创新联系对创新能力的重要影响，为构建国家高新区创新能力解构四维理论模型提供了很好借鉴。因此，如何将区域资源条件和组织运行的基本特征进行匹配，以更加有效地促进区域创新能力的形成，这是研究、提炼国家高新区创新能力解构理论模型的重要依据。

3.3.2 国家高新区创新能力解构的四个维度

借鉴 FP&S 和 M&J 两大国家创新能力理论模型,结合国家高新区创新发展路径与实现机制、创新体系结构及其运行机理,我们发现,国家高新区创新能力的形成遵循了"环境支撑→要素聚集→组织运行→创新投入→创新产出"逻辑。考虑到要素聚集为组织运行和创新投入的基础,聚集的要素直接转化为了组织运行能力和创新投入能力,因此,本书从环境支撑、组织运行、创新投入、创新产出四个维度对国家高新区创新能力进行解构。

(1) 环境支撑。环境支撑是创新要素聚集的基础支撑,对创新活动的开展起到基础保障和支撑作用。世界高新区的发展实践表明,建设高新区的根本目的就是要营造一个"便于创新"的良好的局域环境,包括优美的自然环境,完善的生活服务设施和服务保障,规划完备的交通通信设施和厂房,自然科学水平较高的大学或科研机构,较好的工业基础和产业环境,自由的体制环境和健全的法律体系,集体创新创业的文化氛围,等等。这些环境因素不仅是高技术产业发展所需的环境条件,同时也是高科技人员工作环境选择的基本标准,它们共同构成了高科技人员创新创业的理想"栖息地"和高新技术产业发展的温床。由此可见,良好的创新环境不仅能够有效富集创新资源,而且能够吸引或培育具有竞争力的创新行为主体(高新技术企业、高校和科研院所、政府、金融服务机构和中介服务机构),以良好的组织运行方式提高创新投入能力,形成新思想、新知识、新技术等直接科技创新活动成果,促进科技创新成果的商品化和产业化,产生创新产出成果,积蓄创新成长能力。

(2) 组织运行。组织运行即创新行为主体对创新资源要素的配置,是高新区创新能力形成的关键。高新区创新能力能否形成和提高,不仅与创新主体自身的创新能力紧密相关,更为关键的是取决于各创新主体相互之间的交互作用和结合方式,这是高新区创新能力形成和成长的最重要条件,它直接决定着创新资源投入的规模、质量和结构的优化程度,进而决定着创新投入-产出的转化效率。如前所述,紧密的产学研合作和产业技术创新战略联盟是实现创新资源优化配置、促使创新能力形成的最有效的组织运行方式。紧密的产学研合作关系能够加速和提升科技成果产业化的速度和水平,使科技与经济结合更紧密,是最基本的园区创新组织形式;但对于重大产业关键技术和共性技术的开发,则需要产业技术创新战略联盟加以补充,它能从战略层次联合更多创新主体进行创新资源整合,实现国家或区域的一些长远战略目标[112]。

(3)创新投入。创新投入是创新能力形成的物质技术保障。它直接反映着高新区各创新行为主体开展创新活动的人力、物力和财力的投入情况,是创新能力形成的物质技术基础,同时创新资源投入的规模、质量和结构优化程度将直接决定创新产出的规模。尽管有创新投入并不一定就会有创新产出,但没有创新投入,一定不会有创新成果的产生。创新投入包括知识、技术、人才、资金、信息、政策等创新资源要素,其中,人才是第一位的。因为高新技术产业是知识、技术密集型的产业,而人才是知识、技术、信息的最重要载体,鼓励、吸引人才到园区开展创新创业活动,是园区创新能力形成的起点和核心。纵观世界成功的典型高新区,无一不是吸引人才和培养人才的成功典范。

(4)创新产出。创新产出是园区创新主体在一定的环境支撑作用下,对创新资源进行优化配置即开展一系列创新活动而获得的最终成果,包括新思想、新知识、新技术、新产品、新产业等。其中,新思想、新知识是新技术产生的基础,新技术是新知识、新思想在产业和社会领域应用的延伸,新产品是新技术运用于生产领域的直接物质成果，新产业则是由新产品演化或催生而来，新思想、新知识、新技术、新产品、新产业共同构成了园区创新产出能力。园区创新成果的产生，是园区创新能力形成的标志。反过来，创新产出绩效又直接影响着创新投入和创新主体的组织运行，影响着创新资源的集聚。

3.3.3 国家高新区创新能力解构四维理论模型解析

基于上述对高新区创新能力四个维度的解析，借鉴国家创新能力 FP&S 模型和 M&J 模型，将创新活动条件因素和组织运行因素引入创新能力研究领域，我们可以构建以组织运行能力为核心的国家高新区创新能力解构四维理论模型，如图 3-5 所示。

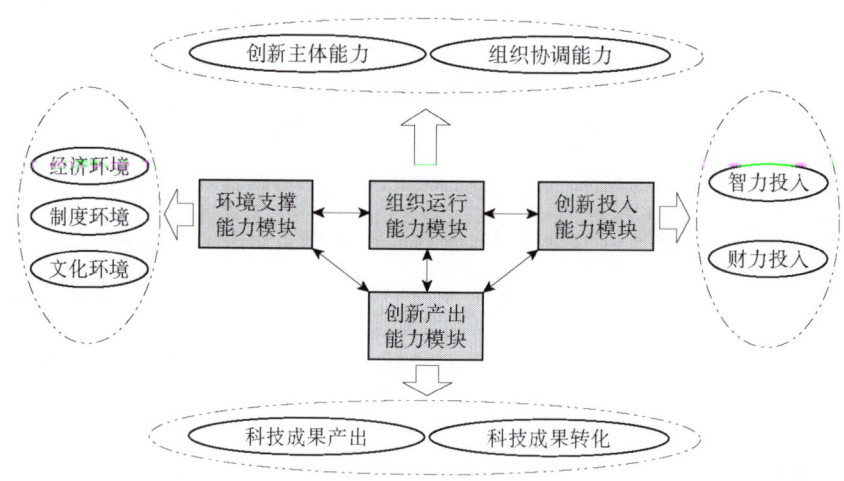

图 3-5 国家高新区创新能力解构四维理论模型

该理论模型将国家高新区创新能力分解为四个模块，即环境支撑能力模块、组织运行能力模块、创新投入能力模块和创新产出能力模块。该理论模型具有两个基本特点：一是以组织运行能力为核心，凸显国家高新区网络协同创新的本质特征；二是以创新能力形成过程为考核基准，体现了"环境支撑→组织运行→创新投入→创新产出"的高新区创新能力形成的价值逻辑。

在考虑各个模块的能力构成时，以简洁、可考量、尽量避免交叉重复为基本标准。关于环境支撑能力模块，因考虑到我国各国家高新区的选址基本上都遵循了高新区区位布局的一般规律，所以本书对国家高新区的区位条件、自然环境和生活环境不做考量，仅考量国家高新区的经济环境、制度环境和文化环境；关于组织运行能力模块，组织要素即创新载体，是创新活动的行为主体，因此考量园区的组织运行能力应首先考量创新主体能力，但园区创新能力最终能否形成和提高，不仅与创新主体自身的运行与创新能力有关，更为关键的是取决于各创新行为主体间的交互作用及组合方式，因此在组织运行能力模块中本书又设计了组织协调能力子模块，突显国家高新区网络协同创新的本质；关于创新投入能力模块，在创新活动过程中，最重要的创新投入应包括知识、技术、人才、资金、信息、政策等创新资源要素的投入能力，但考虑到知识、技术、信息主要以人才为载体，所以本书将知识、技术、信息一并纳入到人才中进行考量，一起合并为智力投入子模块，资金为财力投入子模块，而政策要素被纳入到环境支撑能力中进行考量；关于创新产出能力模块，主要从科技成果产出和科技成果转化两个方面进行考量，既可以反映某一特定时期内国家高新区的科技创新成果产出总体水平，又可以反映科技创新成果转化情况，以突显国家高新区创新发展的国家战略导向性。因此，环境支撑能力、组织运行能力、创新投入能力、创新产出能力四个具有内在动态结构的模块共同构成了国家高新区创新能力解构四维理论模型。

3.4 小结

高新区创新能力反映的不是已经实现的某一时间节点上的创新产出水平，而是高新区创新能力形成过程更基本的决定因素。高新区创新能力是伴随高新区创新体系运行而形成和发展起来的。为此，本章针对创新能力研究注重即成能力分析、轻能力形成机理研究的缺欠，将创新活动条件因素和组织运行因素引入国家高新区创新能力研究领域，构建国家高新区创新能力解构理论模型，阐明国家高新区创新能力形成机理，为科学评价我国国家高新区创新能力及其结构模式分类提供理论支撑。

国家高新区创新体系是由系统环境、系统要素、系统网络、系统绩效四部分构成的。其中，系统环境是系统运行的基础，系统要素是系统运行的基本条件，系统网络是系统运行的本质和核心，系统绩效是系统运行的最终目标，四个组成部分共同构成了一个具有较强自组织性和网络化的创新体系，反映了"环境支撑→要素聚集→组织运行→创新投入→创新产出"的国家高新区创新能力形成逻辑。

依据国家高新区创新体系结构及其运行机理，借鉴 FP&S 和 M&J 两大国家创新能力理论模型，构建了以组织运行能力为核心的"环境支撑-组织运行-创新投入-创新产出"具有内在动态结构的国家高新区创新能力解构四维理论模型，突显了国家高新区的协同创新本质及其国家战略导向性。

第4章
我国国家高新区创新能力评价

本章依据国家高新区创新能力解构四维理论模型，在借鉴国内外已有相关评价指标体系的基础上，构建包括环境支撑能力、组织运行能力、创新投入能力、创新产出能力4项一级指标、9项二级指标、15项三级指标的国家高新区创新能力评价指标体系，并运用熵值法对我国53个国家高新区的创新能力进行评价，为探寻我国国家高新区创新能力结构模式、设计国家高新区创新能力提升对策提供实证基础。

4.1 评价指标体系

构建国家高新区创新能力评价指标体系是科学、准确而又客观评价国家高新区创新能力的基础和前提。国家高新区创新能力评价指标体系是指由建立在特定理论和某些原则基础之上的、能够科学反映国家高新区创新能力结构系统本质特征的一系列相互联系、相互补充、相互依存的指标所组成的指标集合。

4.1.1 现有借鉴

认真研究、归纳总结国内外已有有关高新区创新能力评价指标体系，有利于形成本书对国家高新区创新能力指标体系结构的全面认识，认真总结、借鉴已有研究成果，弥补已有指标体系研究的不足，从而建立起一套系统、科学、准确而又切实可行的国家高新区创新能力评价指标体系。

1. 国外高新区创新能力相关评价指标体系及启示

如前所述，在国外现有的研究文献中，尚未有关于高新区创新能力评价指标体系方面的专门研究，相关研究多是蕴含于高新区的评价指标体系中。对国外有关高新区评价指标体系的深入剖析，有助于挖掘国外学者关于高新区创新本质特征方面的一些指标。综观现有文献资料，国外关于高新区评价指标体系的研究主要集中于高新区成功因素和区位条件两个方面，此外，就是美国硅谷网络公司的硅谷指数综合指标体系，见表4-1。

从表4-1我们可以看出，国外有关高新区成功因素和区位条件、美国硅谷指数等方面的评价指标体系选取了一些反映高新区创新发展本质特征的相关指标：①科教资源、基础设施和区位环境等指标，突出了区位条件对高新区创新发展的支撑作用；②政府支持和优惠政策等指标，揭示了制度环境的支撑作用和政府在推进高新区创新活动中的突出表现；③风险资本和研发等指标，体现了高新区高新技术企业创新活动的特殊性；④对外开放与所依托城市的区位条件等外部功能性指标，体现高新区与外界有交互关系的开放性系统特征。因此，上述评价指标体系尽管各自分析、研究的角度不同，而且也没有建立起量化的评价体系，但高新区具有的内在特性及其发展规律要求，本书在构建高新区创新能力评价指标体系时，应该对这些体现高新区创新本质特征的因素予以充分考虑。

表 4-1 国外高新区创新能力相关评价指标体系

评价内容	作者或评价机构	评价指标体系
成功因素	萨克森宁[37]	制度环境和社会文化
	鲁格和高德斯[38]	研发基地；从事科研活动的大学、工程学院和医学院；良好的商业服务和基础设施；优良的环境；有远见的政治、企业和科技的领导者
	卡斯特利斯和霍尔[19]	工业化、区域发展和协同创造
区位条件	美国 DMJM 房地产开发公司[38]	良好的交通、通信条件；靠近智力和信息密集地区；优秀的中小学和幼儿教育系统
	布鲁诺和狄波基[113]	靠近大学；优惠的政府政策；易得的土地和设施；便捷的交通；充足便捷的供应；临近市场；经验企业家；技术熟练的工人；风险资本；繁荣的服务业；解放的思想；具有吸引力的生活
	马立基[114]	研发机构；政府对新公司的研究与开发活动的支持程度；刺激和鼓励企业家的环境；高素质的熟练劳动力；廉价的房地产市场；风险资本
	保罗·韦斯特海德和斯蒂芬·巴斯滕[41]	区位支撑能力、制度环境、风险资本和研究开发等
综合评价	硅谷网络公司[44]	人力资源、创新经济、多样化社区、生活场所、地区治理等 5 项一级指标，人才流动、就业、收入、创新、经济繁荣准备、早期教育、艺术和文化、健康质量、安全状况、环境、交通、土地使用、住房、商业空间、公民参与、财政收入等 16 项二级指标，以及 82 项三级指标

2. 国内高新区创新能力评价指标体系及启示

在国内，国家和学界对有关高新区创新能力评价指标体系的研究和实践探索也在不断深化，从不同视角构建了多种评价指标体系，从不同方面深化着认识，对本书也具有一定的借鉴价值。

（1）科技部的国家高新区评价指标体系。自国家高新区建立以来，科技部火炬中心对国家高新区评价指标体系进行了 5 次制定 4 次调整和修改，基本变化情况见表 4-2。通过对这些评价指标体系的比较分析，我们可以明显地看到，国家高新区评价指标体系在不断完善，对不同时期我国国家高新区的建设、发展起到了积极的推动和引导作用。具体体现在以下几个方面。

表 4-2　中国国家高新区评价指标体系基本变化情况

制定或修订年份	指标体系	变化特点
1993	经济、资本、基建、企业、创业中心、人才、外企、工业产值等 8 项一级指标和 27 项二级指标	经济总量考评，静态评价
1999	技术创新、创业环境、发展、贡献、国际化等 5 项一级指标和 24 项二级指标	由偏重经济总量考评到重视经济发展质量及技术创新和创业环境的考评，由静态评价转向动静结合评价
2004	技术创新能力、经济发展、创新创业环境 3 项一级指标和 34 项二级指标	进一步突显了有利于发展的创新创业环境的考评，突显了对创新能力的考评，引导高新区发展
2008	知识创造和孕育创新的能力、产业化和规模经济能力、国际化和参与全球竞争的能力、高新区可持续发展能力 4 项一级指标和 44 项二级指标；另附加一个区域环境测度指标	定位于"政策导向"评价，由强调高新区自然发展水平转向国家对高新区导向目标完成程度；重点强调自主创新、创业环境、内生可持续发展等方面，引导高新区良性发展
2013	知识创造和孕育创新能力、产业升级和结构优化能力、国际化和参与全球竞争能力、高新区可持续发展能力 4 项一级指标和 40 项二级指标	取消了区域环境测度部分，4 项一级指标基本框架结构没变，二级指标作了较大调整和修改，强化了对园区发展理念、政府创新参与能力和资源整合力度的考核，并且增加了赋权和来源 2 项

一是由侧重经济总量的评价转向侧重创新能力的评价。在 1993 年的评价指标体系中，还只是局限于经济总量的评价，缺乏关于自主创新方面的评价指标；从 1999 年修订的评价指标体系开始，对技术创新逐渐重视起来，并赋

予了27%的较高权重；2004年又进一步增强了对技术创新能力的考核，其权重提高至40%；在2008年的评价指标体系中，又进一步突出了对高新区创新能力的整体考核，充分体现了新阶段高新区"四位一体"的国家功能定位；在2013年的评价指标体系中，更加突出了对促进创新能力、创新机制和创新体系建设的引导功能，反映了新时期贯彻落实国家创新驱动战略及高新区转型升级、战略提升的需要。

二是由侧重系统绩效的评价转向侧重政策绩效的评价。1993年、1999年和2004年的国家高新区评价指标体系主要关注的是国家高新区当期达到的发展状态，是一种基于系统的绩效评价，政策导向不是很明确；2008年的评价指标体系则明确定位于"政策导向"评价，由强调高新区自然发展水平转向国家对高新区导向目标完成程度，重点强调自主创新、创业环境、内生可持续发展等方面，从而引导国家高新区肩负起新的责任与使命；而2013年的评价指标体系又进一步凸显了"政策评价"导向作用，包括对高新区发展方向方式、创新资源要素集聚、管委会重视科技创新等方面的引导作用。

三是由粗放的扩张式发展到鼓励可持续的集约式发展。例如，在1993年的高新区评价指标体系中，基建单独列为一个方面，这表明在园区发展初期，主要是依靠土地开发、吸引企业入驻园区进行生产来实现扩张式的发展。随着园区基础建设的日益完善，对高新区的发展也不断提出新要求。在2004年的评价指标体系中，就提出了效益性指标的要求，其中涉及了2项单位面积效益指标；在2008年的评价指标体系中，则有6项是有关单位面积效益、能耗和环境要求方面的指标；而在2013年的评价指标体系中，效益、效率型和环境型指标17项，大幅度增加，旨在引导高新区从规模扩张型向质量效益型、内生驱动型发展转变，由单一工业园区向城市综合型园区转变。

四是由单纯重视高新技术产业自身的发展到注重提高有利于发展的环境

支撑条件的建设。在1993年的评价指标体系中,只涉及创业中心的4项评价指标;1999年又增加了3项交通和环境指标;2004年将这一方面扩展到政策和服务环境、企业培育状况、硬件和基础设施环境3个分项共计13项指标;2008年则从支撑高新区发展的内部环境条件和外部环境条件两大方面进行了更为全面的考察,包括高新区支撑平台的作用和持续发展的动力机制以及区域创新与产业化环境等;2013年尽管将区域环境测度指标部分取消了,但增加了创新环境对园区发展支撑作用等相关指标。

毋庸置疑,经过一次次调整、改进,国家高新区的评价指标体系在不断完善,除了具有评价功能外,还有明确的政策导向性,不仅关注高新区当期达到的发展状态,而且还强调高新区对国家导向目标的实现程度。但仍存在一些局限:一是仍然没有摆脱"理论评价"的框架,过于强调国家对高新区的导向功能,而忽略了产业发展的内在规律和市场机制的作用,一些指标理论上可测,但根本无法从目前的统计资料中获得;二是在测度形式上强调的是面向结果的综合评价,没有充分反映高新区创新体系内部创新流动的指标和反映系统自身演化本质方面的指标;三是在具体指标选取上,效率等比值型指标过多,过分注重横向比较的公平性,而不能科学反映高新区在某方面的绝对优势以及发展潜力和未来走势。

(2)学界提出的主要评价指标体系。创新能力作为衡量高新区发展的一个重要指标,近年来其评价问题也引起了越来越多的学者的关注。现将国内现有相对权威的高新区创新能力评价指标体系的研究成果进行归纳、总结,如表4-3所示。综观各种评价指标体系,一是学者们多是从投入-产出视角选取高新区创新能力的评价指标,缺少对园区组织运行机理的考量,且在创新产出或创新绩效指标的选取上,均存在以经济产出指标替代创新产出指标之嫌,经济产出指标与创新产出(绩效)指标二者不能混为一谈,更何况我国高新区尚且普遍存在"高经济增长与低技术创新"特征[5],经济产出指标难以科学反映创新产出(绩效)状况;二是在指标选取依据方面,或是依据区域创新评价指标体系、或是依据科技部火炬中心的综合评价指标体系、或是仅仅依据高新区创新能力内涵、或是根据研究需要凭自己的主观意愿确立评价指标体系,指标体系的构建缺乏足够的科学理论依据。其中,只有吴林海构建了指标体系确立的理论基础,突显了制度创新和环境支撑的重要作用,但缺少组织运行机制方面的评价指标;王峰从技术创新投入(包括 R&D 经费支出、地方财政科技拨款两项具体指标)和科技产业化成果(包括总收入、工业总产值、技术合同成交额三项具体指标)两方面对创新转化水平予以考量,其科学性有待商榷。

表 4-3 国内学界关于高新区创新能力的主要评价指标体系

作者	文献来源	评价指标体系
吴林海[7]	《科学管理研究》	依据以集成创新观为内核的科技园区创新能力三元结构模型,形成了包括技术创新能力、制度创新能力、支撑创新能力 3 项一级指标、12 项二级指标和 40 项三级指标的科技园区创新能力评价指标体系
范柏乃[8]	《科学学研究》	根据高新区技术创新能力的定义,构建了包括资产总额、研发经费、研发人数、中高级职称人数、技工贸总收入、工业增加值、产品销售收入、利润、出口额、人均资产、人均研发经费、人均技工贸收入、人均工业增加值、人均产品销售收入、人均利润、人均出口额共计 16 项指标的高新区技术创新能力评价指标体系
王峰[10]	吉林大学博士学位论文	借鉴高新区及高技术的各种评价指标体系,依据高新区的创新路径与创新模式,构建了创新资源能力水平、创新支撑环境水平、创新转化水平 3 项一级指标、6 项二级指标、16 项三级指标的国家高新区自主创新能力评价指标体系
肖永红等[12]	《经济问题》	借鉴学界创新能力评价指标体系研究成果,构建了包括创新投入、孵化能力和创新产出 3 个层面、13 项具体指标的创新能力评价指标体系

(3)启示。通过对国家确立和颁布的以及国内学界提出的有关高新区创新能力评价指标体系的研究和分析,我们可以看出,尽管存在不少缺陷,但其指标体系构建的思路以及一些指标的选取,对本书提供了许多有益的启示:一是国家高新区创新能力的评价指标体系要体现国家高新区的基本功能、本

质特征，符合高新技术产业化的基本规律；二是环境支撑能力尤其是制度支撑能力是国家高新区创新能力评价指标体系的重要构成部分，国家高新区创新能力的提高离不开包括制度在内的内部、外部环境条件的支撑，这对国家高新区的发展至关重要；三是国家高新区创新能力评价指标体系的设置，应当从不同方面、不同范围和不同层次对国家高新区创新能力的各个方面作出系统综合评价；四是国家高新区创新能力指标的选取与设计要与我国目前的统计与调研系统相匹配，如果指标理论上必需且很有意义，但实际无法获得，可用相似指标替代，最大限度地挖掘现有统计系统和调查系统发布的调查统计数据。

4.1.2 指标体系设计

依据国家高新区创新能力解构四维理论模型，借鉴国内外现有评价指标体系，结合国家高新区创新能力评价指标的功能及其设计原则，构建本书的国家高新区创新能力评价指标体系。

1. 国家高新区创新能力评价指标体系功能定位

国家高新区创新能力评价指标体系的构建是为各级政府以及高新区各创新行为主体全面了解高新区创新能力发展现状、潜在优势，以及阻碍和影响高新区创新能力持续提升的制约因素，并据此对各国家高新区进行分类，进而为各级政府、各创新行为主体决策提供理论指导。因此，国家高新区创新能力评价指标体系在其功能定位上，要体现描述、评价、监视、检测、引导五大功能。

（1）描述功能。通过选择那些最重要、最具有代表性的各类评价指标构成的评价指标体系，对国家高新区创新能力应该具有最基本的描述功能，即可以用较少的指标综合描述国家高新区创新能力的成长状况及其基本特征。

（2）评价功能。通过运用相应的指标体系评价方法，计算出国家高新区创新能力总体得分及分项得分情况，进而对各国家高新区创新能力的发展情况作出总体宏观评价、分项评价和分类评价，为各级政府、各创新行为主体决策以及创新驱动发展战略的实施提供政策依据。

（3）监视功能。通过对各国家高新区创新能力的考察，不仅可以从不同视角监测到各国家高新区创新能力状况，而且还能使其行使监视功能，为高新区政府能够有效地对园区创新发展进行管理和政策引导提供较为可靠的依据。

（4）检测功能。国家高新区作为承载发展高新技术产业、促进技术进步和增强自主创新能力重要使命的"国家队"，其创新能力的强弱对于国家国际竞争力的影响意义重大。因此，国家高新区创新能力评价指标体系还要行使其检测功能——检测高新区对国家导向目标的实现程度，进而引导国家高新区肩负起新的责任与使命。

（5）引导功能。通过对各国家高新区创新能力的评价、排序与对比分析，使各国家高新区发现自己在创新能力方面的进展与存在的不足，由此在各国家高新区间树立创新能力发展的标杆，引导各国家高新区间进行相互学习、借鉴，在相互学习、借鉴中提升国家高新区的总体创新能力，进而增强国家的国际竞争力和国际影响力。

2. 国家高新区创新能力评价指标体系设计原则

国家高新区创新能力评价指标体系设计的科学性、完整性和可操作性直接影响评价的水平与成效。依据国家高新区创新能力的内涵和基本特征、形成机理，结合高新区创新能力评价指标体系国内外研究综述及其功能定位，本书认为，要设计一套科学合理、高质量、易操作的国家高新区创新能力评价指标体系，应遵循以下四大基本原则。

（1）要体现系统性原则。从国家高新区创新能力形成逻辑我们可以看出，国家高新区创新能力是一种综合的、集成的系统协同创新能力，它不是各项创新能力要素的简单叠加，而是各项能力要素在相互作用、相互影响和相互制约中发生了系统协同作用，是各项能力要素的创造性集成。因此，在国家高新区创新能力指标体系设计时一定要充分体现系统性原则，尽量避免信息交叉重复，以便全面、客观、准确地反映出高新区创新能力系统的综合状况。

（2）要体现国家高新区创新组织系统协同创新的本质。从现存的创新能力评价指标体系中我们可以看出，大部分指标体系强调的是系统的投入、产出和经济效果等方面，而缺乏对系统内部创新流动和系统自身演化本质的反映。事实上，很多研究结果表明，拥有很强的科技实力和较雄厚的科技基础，并不一定具有很高的创新能力。问题的关键是一个地区能否有效地利用区内外的各种创新资源为本地区的创新发展服务，即抓住国家高新区创新能力结构系统演化的本质——协同创新。因此，在构建国家高新区创新能力评价指标体系时，要合理设计体现国家高新区创新组织系统协同创新本质的指标。否则，就无法科学准确地评价各国家高新区的创新能力。

（3）要体现创新性和应用性。国家高新区创新能力评价指标体系的内涵要与创新能力内涵相一致，要突出其创新性，如不能用经济产出指标替代科技产出指标，否则影响评价结果的科学性和可信度；同时，还要突出其应用性。评价指标体系既要具有全面性，又要突出重点，还要有前瞻性。评价指标体系应能对我国各国家高新区的创新发展有明确的指导作用，为今后国家高新区创新发展的政策制定提供依据。

（4）要体现可行性原则。由于国家高新区创新能力是一个复杂系统，涉及面十分广泛。评价指标体系在尽可能全面、科学、客观、合理的基础上，应当本着少而精、可查找、可计算的原则来构建。在指标选择过程中，有些指标虽然很有意义，理论上也可测，但实际无法获得，必须用相似指标替代，即最大限度地利用和开发现有统计系统和调查系统发布的调查统计数据，并能反映国家高新区创新能力系统的本质特征，以保证评价结果的可靠性和实用性。

3. 国家高新区创新能力评价指标体系设计与解析

评价指标体系设计是国家高新区创新能力评价非常关键的一个环节。依据国家高新区创新能力解构四维理论模型，在借鉴国内外相关评价指标及指标体系基础上，遵循国家高新区创新能力评价指标体系设计的基本功能和原则，本书选取4项一级指标、9项二级指标、15项三级指标构建国家高新区创新能力评价指标体系，见表4-4。

表4-4 中国国家高新区创新能力评价指标体系

一级指标A	二级指标B	三级指标C	指标反映的主要含义
A_1环境支撑能力	B_1经济环境	C_1园区企业总收入（千元）	创新的资本积累能力
		C_2园区固定资产投资额（千元）	创新的物质技术条件
		C_3园区外商实际投资额（千美元）	对外资的吸引力
	B_2制度环境	C_4园区非国有化水平（%）	市场化水平和政策环境
	B_3文化环境	C_5园区大学数（所）	教育环境、区位环境
		C_6园区所依托城市每百人公共图书馆藏书（册·件）	城市的文化环境
A_2组织运行能力	B_4创新主体能力	C_7园区高新技术企业数（家）	创新直接行为主体规模
		C_8园区研究院所数（家）	创新支撑主体规模
		C_9园区中介组织数（家）	创新服务规模
	B_5组织协调能力	C_{10}园区国家大学科技园数（家）	产学研合作水平
		C_{11}园区产业技术创新联盟数（家）	创新主体综合协作水平
A_3创新投入能力	B_6智力投入	C_{12}园区科技活动人员总数（人）	创新智力投入规模
	B_7财力投入	C_{13}园区R&D经费内部支出总额（千元）	创新财力投入规模
A_4创新产出能力	B_8科技成果产出	C_{14}园区专利授权数（件）	知识技术创新规模
	B_9科技成果转化	C_{15}园区新产品销售收入（千元）	科技成果转化水平

（1）环境支撑能力。在环境支撑能力评价指标的设计中，经济环境主要考量的是园区开展创新活动所需的资金储备情况和物质技术支撑条件，是园

区创新能力生成的原动力，是园区环境支撑能力的硬指标，因此，主要选取了园区企业总收入、园区固定资产投资额、园区外商实际投资额3项指标，其中，园区企业总收入反映的是园区创新资本积累能力，园区固定资产投资额反映的是创新的物质技术条件，园区外商实际投资额反映的是园区对外资的吸引力。相对于经济环境而言，制度环境和文化环境则是反映高新区环境支撑能力的软指标，是高新区创新能力持续提升的重要保障和驱动器。作为软指标，其指标值的评价一般采用定性的方法来确定，但主观随意性较大。因此，本书选择一些间接指标来间接地反映这些软指标。用园区非国有化水平来表示制度环境支撑能力；用园区各类大学数和所在城市每百人公共图书馆藏书来反映园区的文化环境。

（2）组织运行能力。在组织运行能力评价指标设计中，创新主体能力应包括企业能力、高校和科研院所能力、中介组织能力、金融服务机构能力和政府能力，其中政府能力在制度环境中已作考量，另外单项政府能力也难以做定量考量，金融服务机构能力尚没有相关统计指标，本书只能放弃。因此创新主体能力由园区高新技术企业数、园区研究院所数和园区中介组织机构数三项指标构成，其中园区高新技术企业数反映的是创新直接行为主体规模，园区研究院所数反映的是创新支撑主体规模，园区中介组织机构数反映的是园区创新服务规模，包括科技企业加速器、生产力促进中心和技术转移机构等。组织协调能力反映的是创新主体间协同创新能力，相对较难表征，相关的统计资料较少，本书选取园区国家大学科技园数和园区产业技术创新联盟数两项指标来考量。其中，国家大学科技园数能够较好地反映园区产学研合作水平，产学研合作水平是园区创新能力的一个重要表现，产业技术创新联盟反映的是园区企业、高校和科研院所、中介服务机构、金融服务机构和政府等各创新行为主体间的总体协作能力，是园区创新系统的本质表现。

（3）创新投入能力。在创新投入评价指标设计中，人力投入方面的指标只选取了园区科技活动人员数，而没有像多数学者那样将园区研究与开发人员、中高级职称人员数也纳入其中，因为科技活动人员数已经涵盖了这两类人员数，否则就会造成数据的重复计算，园区科技活动人员数反映的是园区创新智力投入规模；同理，在财力投入指标选取方面，本书也只选取了反映园区开展 R&D 活动的 R&D 经费实际支出总额指标，并未考量科技活动经费支出水平指标，园区 R&D 经费内部支出总额反映的是园区创新财力投入规模。

（4）创新产出能力。在创新产出能力评价指标设计中，主要是从高新区建设的最终目的是为了实现科技成果产业化这一基本思路出发，从科技成果产出和科技成果产业化两个方面来设计创新产出能力指标。科技成果主要包括新思想、新知识、新技术，而新思想、新知识、新技术主要以专利的形式体现，科技成果产业化则主要以新产品的形式体现，因此，本书的科技成果产出指标主要选取了园区专利授权数，科技成果产业化指标选取了园区新产品销售收入，其中园区专利授权数反映的是知识技术创新规模，园区新产品销售收入反映的是科技成果转化水平。

4.2 评价方案

在对已有高新区创新能力评价方法比较分析的基础上，本书选取熵值法，以我国 2007 年及以前（杨凌高新区除外）成立的 53 个国家高新区为样本，运用上述评价指标体系对各指标进行赋权。

4.2.1 评价方法

1. 评价方法选择

运用指标体系评价法对高新区创新能力进行评价与比较，不可回避的一个问题就是选取评价指标体系的方法问题。从第 1 章关于高新区创新能力评价的文献可以看出，现有学者对高新区创新能力所采用的评价模型大体可以分为主观评价和客观评价两类方法。主观评价法是主要依据评价者主观上对各指标的重视程度来进行评价的方法，采用的模型主要为层次分析法[6,10,11]；客观赋权法是根据客观原始数据信息的联系强度或各指标所提供的信息量来进行评价的方法，采用的模型包括因子分析法或主成分分析法[7,9]、数据包络法[9]。

主观评价法由于依据所选专家个体根据其主观看法对指标的重要性给出权重，这就难免会存在测度专家选择的随机性和测度专家主观上的不确定性及其认识上的模糊性等问题，并且判断矩阵容易产生严重的不一致现象，从而可能导致权重确定缺乏客观的科学依据，进而导致评价结果的失真。因此，客观赋权法对于区域创新能力评价能有效避免主观性较强的缺陷，但客观赋权法中的因子分析法（主成分分析法）受指标间线性关系假设的制约，如果实际中指标间的关系并非线性关系，那么就有可能导致测度结果的偏差，而数据包络法仅能给出最后的评价综合得分，不适于权重计算和指数构建，熵值法则是一种利用评价指标数据提供的信息量，即根据指标数据传递给决策者的信息量大小在总信息量中所占权重大小进行赋权的方法，运用该方法进行评价既可以在一定程度上克服多指标变量间信息的重复性问题，也可以有效避免权重确定人为因素的干扰，从而使评价结果更为科学和客观。因此，本书将选择熵值法作为高新区创新能力的评价模型。

在信息论中，信息熵被定义为

$$H(x) = -\sum_i p(x_i) \ln p(x_i) \tag{4-1}$$

其中，$p(x_i) \in [0,1]$，$\sum_i p(x_i) = 1$。信息熵既可用于反映指标的变异程度，也可用于进行综合测度。设有 n 个测度对象、p 项测度指标，形成原始指标数据矩阵 $X = (x_{ij})_{m \times n}$，对于某项测度指标 x_j 而言，如果其测度指标值 x_{ij} 差距越大，则说明该指标提供的信息量就越大，其在综合测度中所起的作用也就越大，相应的信息熵就越小，而该测度指标的权重就越大；反之，该测度指标的权重就越小；如果该项测度指标的指标值全部相等，则说明该指标在综合测度中不起作用[114]。

2. 评价结果表述方法

国家高新区创新能力评价是一个多项指标的综合评价问题，需要把体现国家高新区创新能力的多项指标的基本信息加以综合，从总体上评价国家高新区创新能力的强弱。因此，在评价结果分析上，本书采用传统的综合排序法。综合排序法不仅便于从整体上清晰地反映出各国家高新区在比较样本中的大体位置，而且还可以从所选取指标的不同侧面考量其相对水平。同时，由于国家高新区创新能力各分项指标单位难以统一，因此有必要对创新能力评价结果的表述体系进行技术上的处理，挖掘隐藏在数据或排序背后的潜在信息及深层机理。

本书参照我国学者刘凤朝等撰写的《国家创新能力测度方法及其应用》一书中的国家创新能力测度表述体系——包括创新能力指数、领先指数、平均指数和指数差距等概念[90,115]，来构建本书中的评价结果表述体系。一是创新能力指数。创新能力指数包括分项创新能力指数和总体创新能力指数两个层次，分项创新能力指数是对国家高新区创新能力构成中的环境支撑能力、组织运行能力、创新投入能力、创新产出能力等分项能力指标的标度，总体创新能力指数是各分项能力指数赋权相加后得到的综合结果。二是领先指数。

领先指数是指分项指数的最高值,即所有样本国家高新区中分项能力得分最高的分值,它可以为创新能力较低的高新区制定和实施追赶战略提供决策依据。三是平均指数。平均指数是样本国家高新区某个分项指数的平均值,是各国家高新区创新能力的"中位线",是判断样本国家高新区在全国高新区发展中所处位置的重要依据。

4.2.2 样本选取

鉴于我国国家高新区发展的总体情况,本书选取 2007 年及以前成立的 53 个国家高新区为考察样本(杨凌高新区除外)。其中,尽管杨凌高新区也成立于 2007 年以前,但由于其特殊性(国家农业示范区),不列入本书的考察视域。以 53 个国家高新区为考察样本,主要是基于以下几点考虑:一是这些高新区发展相对成熟,积累了相对较强的经济实力,并正在由产业园区或工业园区形态转向科技园区形态;二是这些园区在创新方面已经具备了一定的基础和能力,具有可比性;三是这些园区也基本涵盖了我国各大经济发展区域,包括东北地区、环渤海地区、东部沿海地区、南部沿海地区、中部地区和西部地区,且这 53 个国家高新区在各大经济发展区域中都具有一定的代表性。鉴于以上考虑,本书选择了这 53 个国家高新区为考察样本。

4.2.3 指标体系检验

为进一步验证前面构建的指标体系的有效性,本书对各指标的鉴别力进行分析,以判断该指标能否有效区分被评价对象(国家高新区)的特征差异。

如果所有被评价的高新区在某个评价指标上几乎一致地呈现高(或低)得分,那么就可以认为这个评价指标几乎没有鉴别力,不能诊断和识别不同高新区创新能力的强弱;相反,如果被评价的高新区在某个指标上的得分出现明显的不同，则表明这个评价指标具有较高的鉴别力，它能够诊断和识别不同高新区创新能力的强弱。在评价指标反应理论（index response theory）中，通常用指标的特征曲线的斜率作为评价指标的鉴别力参数，斜率越大表明其鉴别力就越高。图 4-1 给出了三个评价指标的特征曲线，指标 C 曲线的斜率最大，其次是指标 B，而指标 A 曲线的斜率最小，则可以判断：在这三个评价指标当中，评价指标 C 的鉴别力最强，评价指标 A 的鉴别力最差。

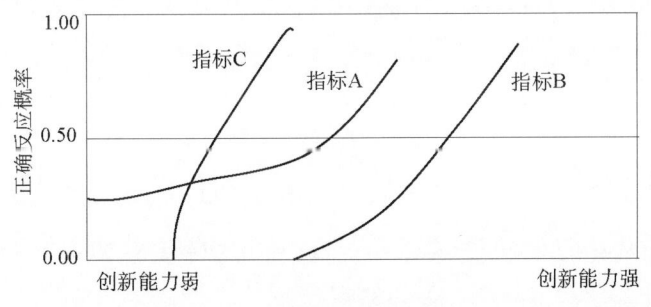

图 4-1　三个评价指标的特征曲线

构造上述的特征曲线需要获取较多的实际资料，为了将研究问题简化，又不影响评价的真实性，在实际应用中，通常用变差系数来描述评价指标的鉴别力

$$V_i = \frac{S_i}{\overline{X}} \tag{4-2}$$

其中 $\overline{X} = \frac{1}{n}\sum_{i=1}^{n} X_i$ 为平均值，$S_i = \sqrt{\frac{1}{n-1}\sum (X_i - \overline{X})^2}$ 为标准差。变差系数越大，该指标的鉴别能力越强；反之，鉴别能力则越差。根据实际需要，可以删除变差系数小于 0.3（即鉴别能力较差）的评价指标。

根据上述原理，以科技部火炬中心的 2014 年相关统计数据和 2014 年《中国城市统计年鉴》为依据，运用 SPSS 统计软件对我国 53 个国家高新区的各指标数据的变差系数进行计算，结果如表 4-5 所示。

表 4-5　中国国家高新区创新能力评价指标变差系数

指标	变差系数	指标	变差系数
C_1 园区企业总收入	1.3870	C_9 园区中介组织数	0.8211
C_2 园区固定资产投资额	0.7127	C_{10} 园区国家大学科技园数	1.2806
C_3 园区外商实际投资额	1.2924	C_{11} 园区产业技术创新联盟数	2.0959
C_4 园区非国有化水平	0.3791	C_{12} 园区科技活动人员总数	1.4233
C_5 园区大学数	1.3502	C_{13} 园区 R&D 经费内部支出总额	1.2796
C_6 所依托城市每百人公共图书馆藏书	0.9056	C_{14} 园区专利授权数	1.3410
C_7 园区高新技术企业数	1.2199	C_{15} 园区新产品销售收入	1.0041
C_8 园区研究院所数	1.5035		

从表 4-5 可以看出，高新区创新能力所有评价指标的变差系数均大于 0.3，因此，本书构建的高新区创新能力评价指标具有较好的鉴别力，能够对中国国家高新区创新能力进行评价。

4.2.4　指标赋权

运用熵值法对中国国家高新区创新能力指标赋权计算过程如下。

第一步，对中国国家高新区创新能力原始指标数据矩阵 X 中的数据进行标准化计算，得出中国国家高新区创新能力评价指标标准化数据。计算公式如下

$$x_{ij}^{'} = \frac{x_{ij} - \min\limits_{i} x_{ij}}{\max\limits_{i} x_{ij} - \min\limits_{i} x_{ij}} \times 99 + 1, \quad 1 \leqslant i \leqslant n,\ 1 \leqslant j \leqslant p \quad (4\text{-}3)$$

第二步，依据中国国家高新区创新能力评价指标标准化数据，计算第 j 个指标下第 i 个地区在该指标中所占的比重，得到中国国家高新区创新能力评价指标比重形式数据。计算公式如下

$$f_{ij} = \frac{x'_{ij}}{\sum_{i=1}^{n} x'_{ij}}, \quad 1 \leqslant i \leqslant n, \ 1 \leqslant j \leqslant p \tag{4-4}$$

第三步，依据中国国家高新区创新能力评价指标比重形式数据计算第 j 个指标的信息熵值 e_j，得到中国国家高新区创新能力评价指标信息熵值。计算公式如下

$$e_j = -k \sum_{i=1}^{n} f_{ij} \ln f_{ij}, \quad 1 \leqslant i \leqslant n, \ 1 \leqslant j \leqslant p \tag{4-5}$$

其中，$k = \frac{1}{\ln n}$。

第四步，依据中国国家高新区创新能力评价指标信息熵值，计算第 j 个指标的差异系数 g_j，得到中国国家高新区各创新能力评价差异系数。计算公式如下

$$g_j = 1 - e_j \tag{4-6}$$

第五步，依据中国国家高新区创新能力评价指标差异系数，确定各指标的权重向量 w_j，得到中国国家高新区各创新能力评价指标权重。计算公式如下

$$w_j = \frac{g_j}{\sum_{j=1}^{p} g_j} \tag{4-7}$$

通过上述计算过程，最终得到中国国家高新区各创新能力评价指标权重结果，如表4-6所示。

表 4-6　中国国家高新区创新能力评价指标权重

一级指标 A（权重）	二级指标 B（权重）	三级指标 C（权重）
A_1 环境支撑能力（0.1542）	B_1 经济环境（0.3815）	C_1 园区企业总收入（0.3599）
		C_2 园区固定资产投资额（0.2177）
		C_3 园区外商实际投资额（0.4224）
	B_2 制度环境（0.1707）	C_4 园区非国有化水平（1）
	B_3 文化环境（0.4478）	C_5 园区大学数（0.6435）
		C_6 园区所依托城市每百人公共图书馆藏书（0.3565）
A_2 组织运行能力（0.3254）	B_4 创新主体能力（0.4269）	C_7 园区高新技术企业数（0.4328）
		C_8 园区研究院所数（0.3210）
		C_9 园区中介组织数（0.2462）
	B_5 组织协调能力（0.5731）	C_{10} 园区产业技术创新联盟数（0.4644）
		C_{11} 园区国家大学科技园数（0.5356）
A_3 创新投入能力（0.2795）	B_6 智力投入（0.5230）	C_{12} 园区科技活动人员总数（1）
	B_7 财力投入（0.4770）	C_{13} 园区 R&D 经费内部支出总额（1）
A_4 创新产出能力（0.2409）	B_8 科技创新产出成果（0.5871）	C_{14} 园区专利授权数（1）
	B_9 科技创新成果转化（0.4129）	C_{15} 园区新产品销售收入（1）

4.3　评价结果

为了更好地表述上述 53 个样本国家高新区创新能力的特征，本书在对样本高新区综合创新能力进行分析的基础上，对各分项创新能力、区域分布情况进行深入剖析，以获取更充分的评价信息，为国家高新区创新能力结构模式研究以及创新能力提升对策制定提供实证基础。

4.3.1　综合创新能力评价结果

依据上述中国国家高新区各创新能力评价指标权重和标准化数据，计算中国国家高新区各级创新能力评价值和综合评价值。计算公式如下

$$F_i = \sum_{j=1}^{p} w_j x_{ij}' \quad (4\text{-}8)$$

通过上述计算可以得到包括 53 个国家高新区 4 个一级指标的评价值及综合评价结果，见表 4-7。

表 4-7 中国国家高新区创新能力综合评价结果

高新区	环境支撑能力 得分	排序	组织运行能力 得分	排序	创新投入能力 得分	排序	创新产出能力 得分	排序	综合创新能力 得分	排序
北京中关村	93.32	1	100.00	1	100.00	1	100.00	1	100.00	1
上海张江	53.21	4	30.46	2	49.03	2	38.29	4	41.14	2
武汉	64.57	2	25.58	5	32.07	4	45.44	3	38.53	3
成都	43.29	6	29.50	3	21.79	8	37.27	5	31.23	4
深圳	37.04	10	10.61	11	32.45	3	48.87	2	29.76	5
西安	27.03	21	19.30	6	24.83	5	28.45	8	23.77	6
广州	35.00	11	16.06	7	23.74	6	21.57	10	22.15	7
长沙	31.85	14	28.22	4	12.10	13	20.71	14	22.10	8
杭州	42.54	7	10.56	12	20.51	9	20.83	13	20.59	9
南京	55.88	3	7.75	19	12.37	12	21.36	11	19.86	10
合肥	29.97	17	14.34	8	13.83	11	22.16	9	18.07	11
长春	28.41	19	11.14	10	4.40	41	34.49	6	17.10	12
无锡	32.08	13	8.35	17	9.27	21	29.02	7	16.87	13
天津滨海	24.39	23	8.61	16	16.95	10	21.16	12	15.86	14
苏州	32.45	12	9.57	13	9.48	20	19.75	15	15.16	15
郑州	22.56	28	5.53	29	22.17	7	11.77	21	13.72	16
厦门	46.48	5	5.03	32	7.64	24	11.50	22	13.63	17
大连	40.78	9	4.74	34	10.19	17	10.90	25	13.10	18
济南	22.77	27	6.66	22	10.37	16	15.82	18	11.81	19
佛山	30.51	16	4.96	33	9.77	19	12.07	23	11.54	20
常州	30.62	15	6.54	23	6.03	32	10.63	26	10.68	21
珠海	24.00	24	2.11	47	11.01	14	15.40	19	10.62	22
青岛	6.83	52	8.86	15	9.85	18	19.52	16	10.48	23
潍坊	14.25	42	13.87	9	7.35	25	9.94	29	10.40	24
南宁	41.37	8	5.75	27	4.43	40	3.81	45	10.21	25
沈阳	28.86	18	5.83	26	6.18	30	6.44	38	9.17	26
淄博	20.71	30	9.33	14	5.55	35	7.32	35	8.92	27
惠州	20.69	31	1.82	52	4.53	38	18.50	17	8.88	28
南昌	28.31	20	5.18	31	6.25	29	5.85	39	8.74	29

续表

评价结果\高新区	环境支撑能力		组织运行能力		创新投入能力		创新产出能力		综合创新能力	
	得分	排序	得分	排序	得分	排序	得分	排序	得分	排序
鞍山	17.84	36	7.79	18	6.88	28	8.45	33	8.56	30
宁波	22.46	29	6.04	25	4.25	42	8.39	34	8.05	31
保定	20.50	32	3.15	42	5.85	33	10.99	24	7.84	32
襄阳	18.05	35	2.08	49	7.83	22	11.25	23	7.68	33
中山	23.06	25	3.21	41	5.65	34	8.58	32	7.67	34
石家庄	24.64	22	3.40	40	6.90	27	5.26	42	7.55	35
洛阳	9.82	48	2.09	48	10.87	15	10.28	27	6.85	36
重庆	19.02	33	2.99	43	4.47	39	9.26	31	6.72	37
株洲	11.53	43	3.61	39	7.35	26	10.15	28	6.63	38
哈尔滨	11.08	45	6.94	21	7.75	23	5.27	41	6.57	39
贵阳	14.58	41	4.34	36	6.18	31	6.55	37	6.21	40
威海	17.63	37	2.30	45	4.25	43	7.11	36	5.67	41
桂林	23.01	26	2.25	46	2.06	50	2.75	47	4.93	42
包头	15.46	40	2.85	44	3.56	45	5.15	43	4.80	43
绵阳	6.20	53	3.95	37	4.00	44	9.47	30	4.71	44
宝鸡	7.30	51	4.38	35	5.24	36	5.57	40	4.45	45
福州	18.21	34	1.18	53	3.19	46	3.52	46	4.25	46
昆明	10.77	46	5.27	30	3.00	47	2.66	48	4.01	47
吉林	15.72	39	3.76	38	2.39	49	1.41	52	3.92	48
太原	9.69	49	2.04	50	5.00	37	4.75	44	3.84	49
兰州	8.13	50	7.52	20	1.68	51	1.73	50	3.69	50
大庆	10.08	47	5.65	28	2.90	48	1.33	53	3.67	51
乌鲁木齐	11.18	44	6.16	24	1.00	53	1.45	51	3.53	52
海南	17.06	38	1.95	51	1.52	52	2.16	49	3.50	53
平均指数	25.90	—	9.64	—	11.66	—	15.33	—	13.57	—
领先指数	93.32	—	100.00	—	100.00	—	100.00	—	100.00	—

从综合情况看，综合创新能力排在前 10 位的依次是北京中关村、上海张江、武汉、成都、深圳、西安、广州、长沙、杭州、南京等高新区，与实际发展情况比较吻合。这些高新区均处于科技创新资源丰富地区，或是直辖市，或是省会城市，或是沿海发达城市，综合创新能力较强，都是全国知名的高新区。其中，位列前 3 位的北京中关村、上海张江、武汉为"国家自主创新

示范园区",排在前 6 位的北京中关村、上海张江、武汉、成都、深圳和西安等国家高新区均为"世界一流高科技园区建设试点园区"和"中国亚太经济合作组织科技工业园区",位列前 3 位和第 6~8 位的北京中关村、上海张江、武汉、西安、广州、长沙国家高新区均为"海外高层次人才创新创业基地",位列第 9 位的杭州国家高新区是"创新型科技园区",位列第 10 位的南京国家高新区是"创新型特色园区"。从领先指数来看,北京中关村的各分项指标和综合创新能力综合指数均处于绝对领先地位,位列第 2~10 位的各高新区的环境支撑能力、组织运行能力、创新投入能力和创新产出能力与北京中关村的差距均较大,北京中关村无愧为中国高科技创新发展的先试先行区,可谓是中国的"硅谷"。但总体而言,我国国家高新区的创新能力总体还较弱,位于综合创新能力平均指数以上的高新区仅有 17 家,其他 36 家均处于落后状态。

4.3.2 分项创新能力评价结果

从分项指标来看,环境支撑能力位于前 10 位的依次是北京中关村、武汉、南京、上海张江、厦门、成都、杭州、南宁、大连、深圳等国家高新区,除武汉、成都和南宁外,均处于东部沿海发达地区,经济实力雄厚,国际化水平较高,市场经济比较发达,区域文化氛围较好;同时,这些园区产业集群化程度较高,产业链完备,为创新发展提供了较好的环境支撑。从总体来看,环境支撑能力尽管要好于其他 3 项分项能力,但位于环境支撑能力平均指数以上的高新区也仅为 21 家,为样本高新区总数的 39.62%,说明我国国家高新区的创新环境还不尽如人意,尤其是园区的经济环境和文化环境分值相对较低,二者的分值在 20 分以上的都仅有 13 家高新区。究其原因,随着高新区高新技术企业优惠政策的取消,对各类企业包括外资企业的吸引力都有不同程度的降低；同时入驻园区的大学数量还相对较少，大学的企业衍生功能还较差，这都影响了园区的总体环境支撑能力。

从组织运行能力看，总体较差，位于组织运行能力平均指数以上的高新区仅为12家，占样本高新区总数的比例仅为22.64%，说明我国绝大多数高新区的创新体系远未形成，创新主体能力较差，高新区高新技术企业数量普遍较低，仅占园区入统企业总数的32.52%，高新区不"高"不"新"依然是普遍现象；一些大学、科研院所尽管也已经入驻园区，但尚未形成产学研协作创新的局面，企业、高校、科研院所在开展创新活动方面仍处于单打独斗的局面，远未形成官、产、学、研、金、介、用联动创新、协同创新、集成创新的局面。究其背后的深层次原因，就是地方政府在经济增长偏好的驱动下，背离了"便于创新"的高新区建设初衷，"经济增长'俘获'了科技创新，这就使高新区无形之中偏离了其应有的发展路径"[4]。就是排在前10位的北京中关村、上海张江、成都、长沙、武汉、西安、广州、合肥、潍坊、长春等国家高新区，差距也较大，位列第1位的北京中关村的组织运行能力分值是位列第2位的上海张江的3.28倍。

从创新投入能力看，位列前10位的分别是北京中关村、上海张江、深圳、武汉、西安、广州、郑州、成都、杭州、天津滨海等国家高新区，或是东部沿海发达地区，或是中西部核心城市，经济实力较强，薪资条件较好，人才资源相对丰富，财力资源相对充足。但从创新投入能力总体来看，处于创新投入平均指数以上的高新区仅有13家，仅占样本高新区总数的24.53%，且绝对差距较大，位列第1位的北京中关村的创新投入能力分值是位列第2位的上海张江的2倍多，是位列第10位的天津滨海高新区的近6倍，位列10位以后的国家高新区，无论是智力投入，还是财力投入，都非常低，这就再次印证了我国高新区发展的经济增长偏好，即地方政府对于国家高新区的首要目标不是科技创新，而是经济增长。

从创新产出能力看，相对于创新投入而言，总体情况要好于创新投入，也就是说，各高新区只要加大创新投入，获得的创新产出还是相当可观的，创新投入产出效率较高。创新产出能力位列前10位的国家高新区分别是北京中关村、深圳、武汉、上海张江、成都、长春、无锡、西安、合肥、广州，除北京中关村、上海张江、广州等3家国家高新区外，其创新产出能力均高于创新投入能力，其中北京中关村的创新投入与创新产出是相等的。从创新产出能力总体来看，处于创新产出能力平均指数以上的高新区有19家，要好于组织运行能力和创新投入能力情况，但创新产出总体水平也不高，与国家和社会对高新区的期望可以说是相去甚远，我国国家高新区尚难肩负起建设创新型国家以及实施创新驱动发展战略的重任。

4.3.3 区域分布情况

根据样本高新区所处区域，本书将其划分为东北地区、环渤海地区、长三角地区、珠三角地区、南部沿海地区、中部地区和西部地区七大区域。其中，南部沿海地区包括珠三角地区，但依据学界研究惯例，特将珠三角地区再单独列出，以便于和长三角、环渤海等地区的比较；东部地区包括北部沿海地区、东部沿海地区和南部沿海地区。其中，东北地区包括沈阳、大连、鞍山、长春、吉林、哈尔滨、大庆等7个国家高新区；环渤海地区即北部沿海地区，包括北京中关村、天津滨海、石家庄、保定、济南、青岛、淄博、潍坊、威海等9个国家高新区；长三角地区即中部沿海地区，包括上海张江、南京、常州、无锡、苏州、杭州、宁波等7个国家高新区；珠三角地区包括广州、深圳、珠海、惠州、中山、佛山等6个国家高新区；南部沿海地区包括珠三角的6个国家高新区和福州、厦门、海南的3个国家高新区，共计 9 个国家高新区；中部地区包括太原、合肥、南昌、郑州、洛阳、武汉、襄樊、长沙、株洲等 9 个国家高新区；西部地区包括包头、南宁、桂林、成都、重庆、绵阳、贵阳、昆明、西安、宝鸡、兰州、乌鲁木齐等 12 个国家高新区（表 4-8）。

表 4-8　中国国家高新区区域创新能力区域分布情况

区域（高新区总数）			前 10 位高新区	平均指数以上高新区	平均指数以下高新区
东北地区（7）			—	长春	大连、沈阳、鞍山、哈尔滨、大庆、吉林
东部地区（25）	北部沿海地区（9）	环渤海地区	北京中关村	天津滨海	青岛、济南、潍坊、淄博、石家庄、保定、威海
	东部沿海地区（7）	长三角地区	上海张江、杭州、南京	无锡、苏州	常州、宁波
	南部沿海地区（9）	珠三角地区	深圳、广州	—	珠海、佛山、中山、惠州
		其他地区	—	厦门	福州、海南
中部地区（9）			武汉、长沙	合肥、郑州	南昌、株洲、襄樊、洛阳、太原
西部地区（12）			成都、西安	—	南宁、绵阳、重庆、包头、兰州、桂林、宝鸡、乌鲁木齐、贵阳、昆明

从综合创新指数排在前 10 位的高新区的区域布局来看，环渤海地区 1 个，长三角地区 3 个，珠三角地区 2 个，中部地区 2 个，西部地区 2 个，除东北地区和南部沿海地区外，其他五大区域均有代表高新区，整体分布较为合理，基本符合国家高新区建设空间布局的基本规划，在各个区域形成一些新的增长极，以点带线、以点带面，形成点-轴-面的辐射效应；从平均指数来看，排在平均指数以上的 17 个高新区中，东北地区 1 个，环渤海地区 2 个，长三角地区 5 个，南部沿海地区 3 个，中部地区 4 个，西部地区 2 个，展示出了长三角地区的总体实力；平均指数以下的 36 个高新区中，东北地区占了 6 个，环渤海地区占了 7 个，长三角地区 2 个，珠三角地区 4 个，南部沿海地区 2

个，中部地区 5 个，西部地区 10 个，总体来看，东北地区、中西部地区总体还是相对偏弱。

从图 4-2 可以看出，高新区创新能力在区域分布上，东北地区、西部地区总体水平相对较差，各分项指数及综合指数均低于 53 个样本高新区的平均水平；其次是南部沿海地区，尽管其环境支撑能力、创新产出能力略高于平均指数，创新投入能力、综合创新能力等分项指标与样本高新区平均指数的差距不是很大，但其组织运行能力却相对较差；再次是中部地区，只有环境支撑能力指数略低于样本高新区的平均指数，其他分项指标都略高于样本高新区平均指数。各项指标指数均高于样本平均指数的是环渤海地区和长三角地区，其中，环渤海地区除了环境支撑能力略高于平均指数且低于长三角地区外，其他各项指标均高出样本平均指数六七个分值，环渤海地区较突出的表现当归功于位于中国文化、政治中心——北京的中关村，其较卓越的创新表现，堪称中国高新区发展的标杆；其次是长三角地区，长三角地区的环境支撑能力特别突出，是样本高新区平均指数的近 1.5 倍，显示出长三角强大的经济实力、较丰富的创新资源及较高的市场化水平，从而展示出较强的创新竞争力；相对于环渤海和长三角地区而言，珠三角地区尽管相对要弱些，但在环境支撑能力、创新投入能力、创新产出能力及综合创新能力方面，也表现出了一定的实力，这四项指标均高于样本高新区的平均指数。总体而言，东部沿海地区的国家高新区的创新能力水平要高于东北地区、中部地区及西部地区的国家高新区，这和其经济技术基础、市场化水平、创新资源丰裕程度等是相匹配的。此外，中西部地区的总体情况要好于东北地区，这与国际金融危机背景下国家整体发展战略的西移是不无关系的，这一评价结果与 2012 年国家高新区综合发展与数据分析报告也是一致的[116]。

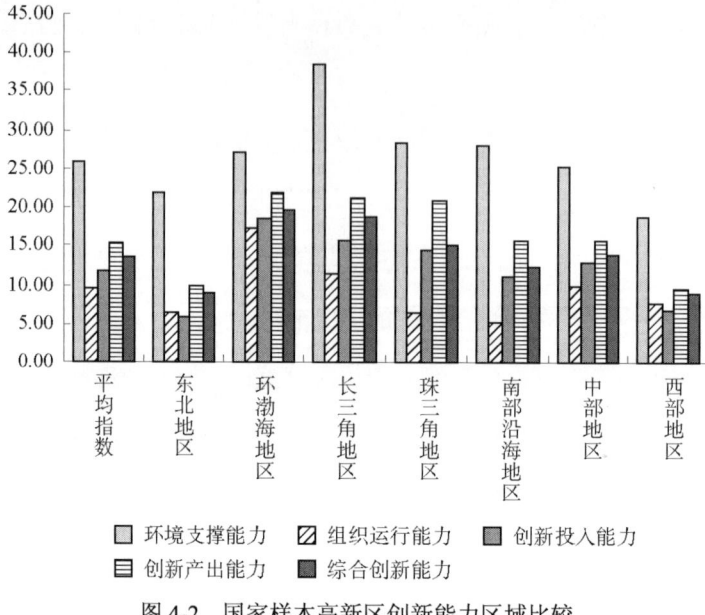

图 4-2 国家样本高新区创新能力区域比较

4.4 小结

构建国家高新区创新能力评价指标体系是科学、准确而又客观评价高新区创新能力的基础和前提。本章首先针对现有评价指标体系中缺乏对园区组织运行机理考量和以经济产出指标代替科技产出指标的不足,依据国家高新区创新能力形成四维理论模型,并在对现有相关评价指标体系借鉴的基础上,依据高新区创新能力评价指标体系功能定位及设计原则,构建了一个以组织运行能力(包括高新技术企业数、研究院所数、中介组织机构数等创新主体能力和国家大学科技园数、产业技术创新联盟数等组织协调能力)为核心,以专利授权数和新产品销售收入等科技产出指标代替现有评价指标体系中的园区总收入、工业总产值或工业增加值、园区净利润等经济产出指标,包括

4项一级指标、9项二级指标、15项三级指标在内的国家高新区创新能力评价指标体系，突显了国家高新区网络协同创新的本质，反映了园区实际创新产出水平。

其次，运用熵值法对我国53个国家高新区创新能力现状进行评价，结果表明，我国国家高新区创新能力总体较弱，且存在巨大差异，北京中关村遥遥领先于其他高新区，东部沿海地区国家高新区的创新能力要高于东北和中西部地区，而中西部地区的总体情况要好于东北地区；各分项创新能力除环境支撑能力略好外，其他各分项能力均较低，尤其是组织运行能力，这说明我国国家高新区发展仍旧尚未摆脱经济增长偏好和依赖外资项目引进的传统发展模式，网络组织协同创新体系远未形成。

第 5 章
我国国家高新区创新能力结构模式

本章在对 17 个典型国家高新区创新能力结构特点进行剖析的基础上，将我国国家高新区创新能力结构划分为组织协调型、环境支撑型、产业驱动型三种典型模式；在对这三种典型结构模式进行比较分析的基础上，结合各类国家高新区的创新资源条件与组织运行特征，将各类国家高新区创新发展的能力结构与形成模式进一步匹配，归纳总结出三种典型结构模式国家高新区创新能力形成的路径模式与基本条件，为高新区创新能力形成的分类研究与分类指导政策制定提供理论依据。

5.1 结构模式类型划分

由国家高新区创新能力解构四维理论模型可知，高新区创新能力作为一个有着内在结构的动态过程，它是环境支撑能力、组织运行能力、创新投入能力、创新产出能力四项分指标间相互作用的结果。因此，本章基于四项分指标间的相互作用关系即能力结构，对我国国家高新区进行分类，提炼出典型国家高新区的典型能力结构模式，并提出非典型国家高新区的跟随模式建议，为制定分类指导对策提供基本依据。

5.1.1 典型性原则与典型模式

考虑到我国国家高新区创新能力总体水平较低，绝大部分高新区各项创新能力均较弱，并未形成典型模式，因此，本章依据典型性原则，仅对位于综合创新能力平均指数以上的、对其他高新区具有借鉴价值的 17 个典型国家高新区的创新能力结构特点进行剖析，归纳总结出这 17 个国家高新区创新能力形成的核心驱动因素及一般发展规律，进而提炼出这 17 个国家高新区的三种典型创新能力结构模式。本章将通过绘制雷达图来找寻 17 个典型国家高新区的创新能力结构特点。由于绘制雷达图需要各指标之间具有可比性，因此本书进一步采用式（4-3）对前面计算得到的一级能力指标进行标准化处理，以使各指标的得分分值处于 1~100。通过对 17 个典型国家高新区的一级创新能力指标绘制雷达图，我们可以将 17 个典型国家高新区的创新能力结构划分为三种类型：组织协调型、环境支撑型和产业驱动型。

1. 组织协调型

组织协调型国家高新区包括北京中关村、武汉、成都、西安、长沙、合肥 6 个国家高新区，它们的共同特征是：各分项能力间的差距不是很大，表现较为协调，且组织运行能力相对较强（图 5-1）。具体而言，从创新能力

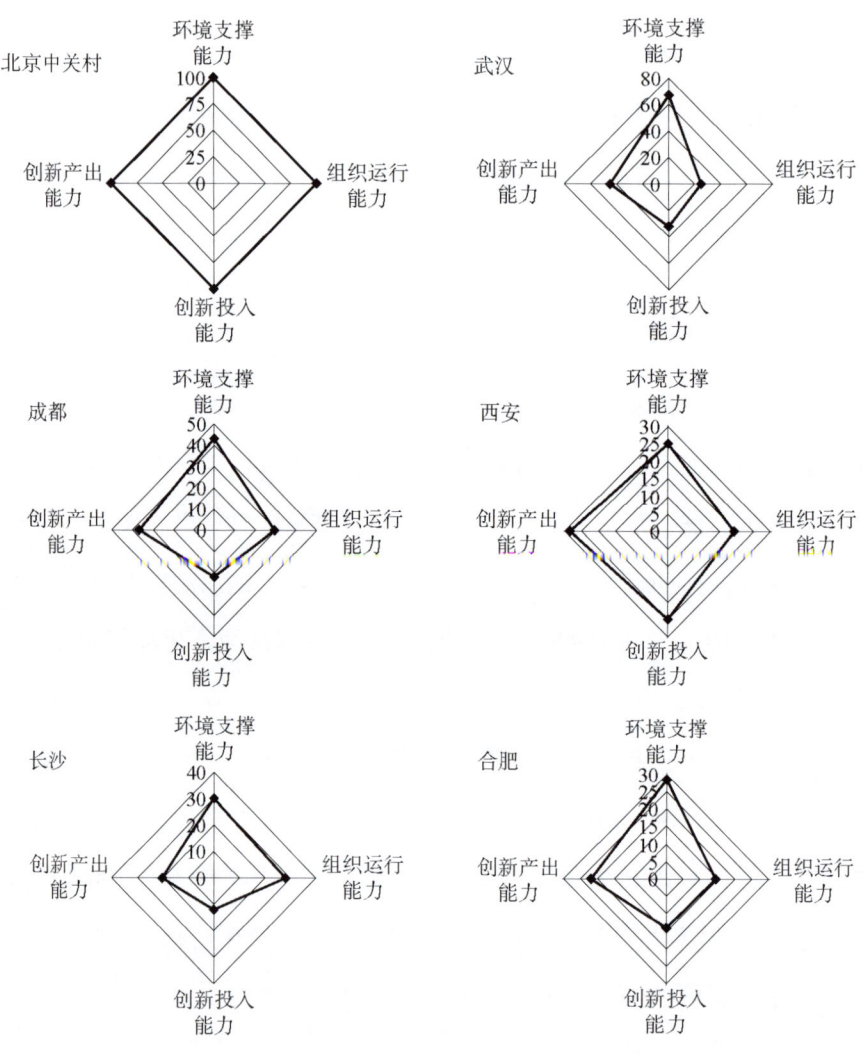

图 5-1　组织协调型国家高新区创新能力结构特点

内部结构看,各国家高新区的环境支撑能力、组织运行能力、创新投入能力和创新产出能力相对较为协调;从区域分布看,该类高新区所在城市都是直辖市或省会城市,拥有丰富的优质科教资源,科技实力雄厚,且具有较坚实的经济基础和较丰裕的政策资源。

2. 环境支撑型

环境支撑型国家高新区包括上海张江、广州、杭州、南京、无锡、苏州、厦门、郑州 8 个国家高新区,它们的共同特征是:环境支撑单项能力较为突出,远远高于其他分项能力(图 5-2)。具体而言,从创新能力内部结构看,各分项能力间表现不是很协调,组织运行能力表现普遍较弱,创新投入能力除上海张江和郑州外,其他各高新区也相对较少,创新产出能力表现一般;从区域分布看,除郑州高新区外,上海张江、杭州、南京、无锡、苏州等高新区都位于长三角地区的沿海核心城市,广州和厦门也是沿海开放城市,它们都拥有优越的区位条件和政策优势,工业基础较好,市场经济发达,可以有效吸引国外资金、技术和人才。

3. 产业驱动型

产业驱动型国家高新区包括深圳、长春、天津滨海 3 个国家高新区。从这些高新区的创新能力内部结构看,创新产出能力相对较强,高于其他分项创新能力,组织运行能力相对较弱;从区域分布看,深圳和天津都具有较突出的地缘优势,它们分别毗邻香港、北京两个国际性大都市,香港、北京高等教育密集、高端人才聚集、金融投资发达,有较坚实的工业基础和较强的工业实力,具备承接国际大都市产业和科技资源要素转移的较好基础;而长春尽管不毗邻国际性大都市,但长春市本身高等教育也很密集,工业特别是汽车工业很发达,有较雄厚的工业基础。因此,深圳、长春、天津滨海 3 个国家高新区在产业转型升级及发展高新技术产业战略定位的拉动下,科技成

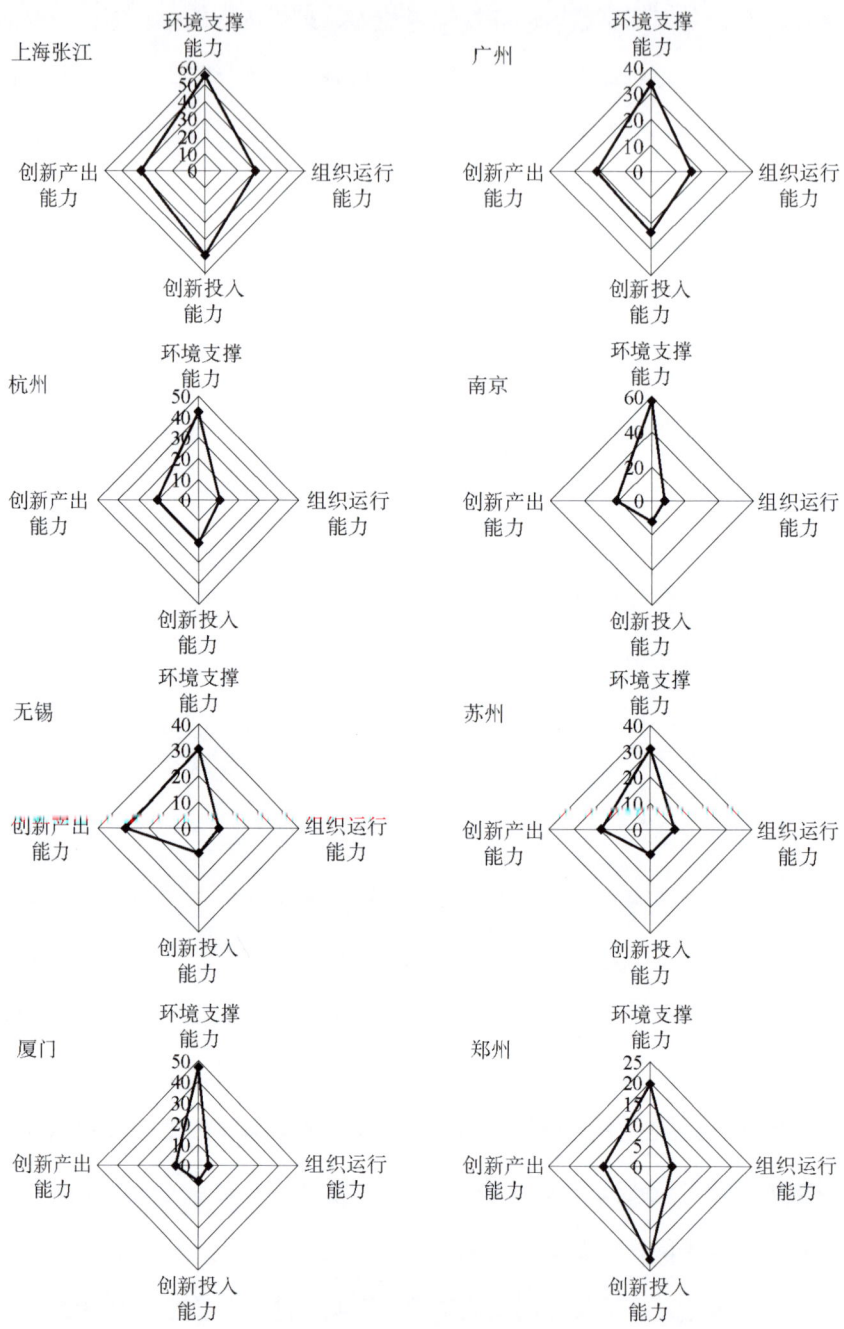

图 5-2 环境支撑型国家高新区创新能力结构特点

果转化较快,创新产出能力都相对较强,见图 5-3。

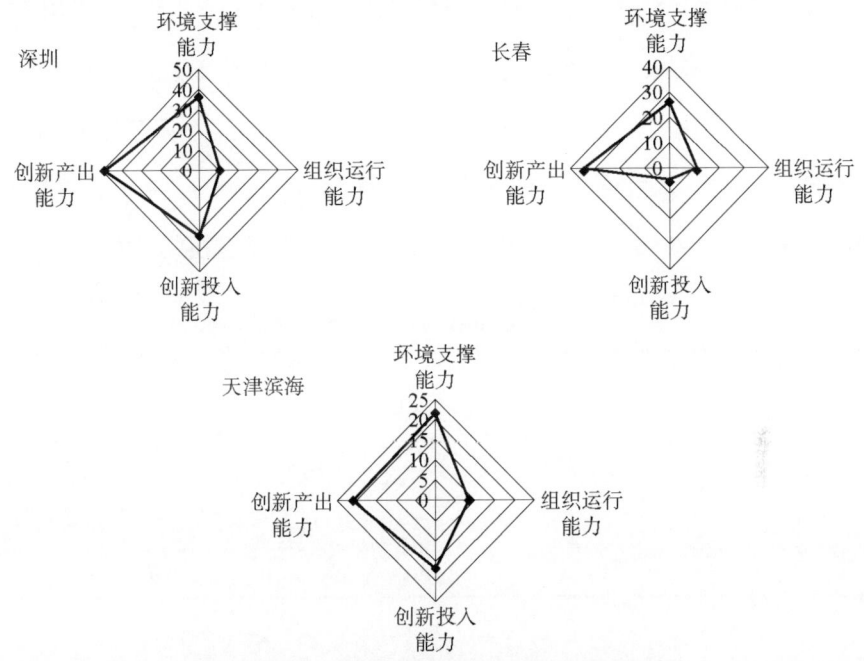

图 5-3 产业驱动型国家高新区创新能力结构特点

5.1.2 类比跟随原则与非典型高新区跟随模式

除了 17 个典型国家高新区外,还有 36 个非典型国家高新区,这 36 个非典型国家高新区各分项创新能力均较弱,尚未形成典型模式。本书认为,它们提升其创新能力的最佳战略就是采取类比跟随战略,即根据其区域创新资源条件和区域分布特点,它们与哪一类典型模式国家高新区具有相似性,就采取哪种高新区创新发展模式。根据类比跟随原则,南宁、济南、沈阳、石家庄、南昌、重庆、哈尔滨、兰州、昆明、太原、贵阳也都是省会城市或直辖市,拥有相对较为丰富的优质科教资源,科技力量比较强,其创新发展模式应跟随组织协调型模式;大连、常州、珠海、宁波、威海、中山、福州、海南,也都是东部沿海开放型城市，拥有相对优越的区位优势和政策优势，工业基础较好，市场经济相对发达，可以有效吸引国外资金、技术和人才，其创新发展模式应跟随环境支撑型模式；潍坊、淄博、佛山、鞍山、株洲、保定、包头、桂林、襄樊、惠州、宝鸡、大庆、乌鲁木齐、吉林、绵阳、青岛、洛阳等国家高新区，主要分布在中西部地区的二三线工业城市和东部地区的部分工业城市，拥有较强的工业基础和实力，其创新发展模式应跟随产业驱动型模式（表5-1）。

表5-1 非典型国家高新区创新发展跟随模式

典型模式	典型高新区	跟随高新区
组织协调型	北京中关村、武汉、成都、西安、长沙、合肥	南宁、济南、沈阳、石家庄、南昌、重庆、哈尔滨、兰州、昆明、太原、贵阳
环境支撑型	上海张江、广州、无锡、南京、杭州、苏州、郑州、厦门	大连、常州、珠海、宁波、威海、中山、福州、海南
产业驱动型	深圳、长春、天津	潍坊、淄博、佛山、鞍山、株洲、保定、包头、桂林、襄樊、惠州、宝鸡、大庆、乌鲁木齐、吉林、绵阳、青岛、洛阳

5.2 三种典型模式比较

本章以17个典型国家高新区为例，对组织协调型、环境支撑型、产业驱动型三种典型模式的国家高新区创新能力的结构特点进行比较分析，为科学辨识三种典型模式国家高新区创新能力形成的路径模式与基本条件、探析其创新能力提升的潜在优势及劣势提供基本依据。

5.2.1 区域分布特点比较

从区域分布总体特点来看，组织协调型国家高新区主要分布在省会城市或直辖市，环境支撑型国家高新区集中分布在东部沿海开放城市，产业驱动型国家高新区则主要分布在发达的工业型城市。组织协调型国家高新区主要利用省会城市或直辖市丰富优质的科教资源以及较坚实的经济基础和较丰裕的政策资源发展起来；环境支撑型国家高新区主要是基于本身较优越的区位条件和较发达的市场经济制度环境，通过外资驱动而迅速发展起来；产业驱动型国家高新区则主要利用本地较坚实的工业基础和实力，在产业升级压力的驱动下，通过承接国际大都市产业和科技资源要素转移以及自我创新相结合的发展战略迅速发展强大起来。由此可见，不同的区域分布特点，决定了不同的发展战略模式，形成了不同的能力结构模式。

5.2.2 能力结构特点比较

从一级指标能力结构来看，组织协调型国家高新区，各分项创新能力表现相对较为协调，且各分项能力均高于其他两类高新区，特别是组织运行能力，是其他两类高新区的3倍多；环境支撑型国家高新区，环境支撑能力表现较为突出，是其他分项创新能力的1.8～3.4倍，是平均指数的1.7倍，而组织运行能力相对较弱，仅高出平均指数2个分值；产业驱动型国家高新区，创新产出能力相对其他分项能力而言表现突出，是其他分项创新能力的1.2～3.5倍，高出环境支撑型国家高新区13多个分值，与组织协调型国家高新区相差不到8个分值，是平均指数的2.3倍多，而组织运行能力相对较弱，略高于平均指数，几乎与平均指数持平（图5-4）。

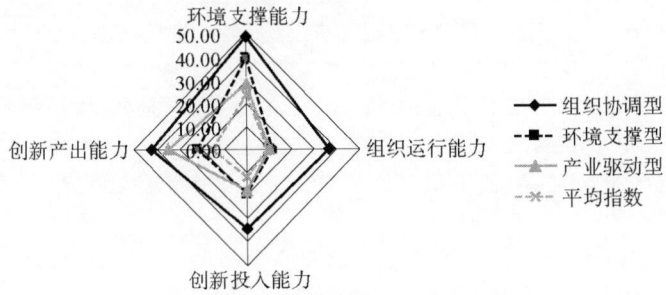

图5-4 三种典型模式国家高新区创新能力结构一级指标比较

从二级指标能力结构来看,组织协调型国家高新区在经济环境、文化环境、创新主体能力、组织协调能力、智力投入、财力投入、科技创新成果产出方面均优于其他两类国家高新区,尤其在组织协调能力方面表现更是突出,远远超过其他两类高新区,分别是环境驱动型国家高新区的2.8倍、产业驱动型国家高新区的4.4倍,但制度环境却远低于环境支撑型国家高新区,两者相差26个分值,科技创新成果转化能力低于产业驱动型国家高新区,两者相差6个分值;环境支撑型国家高新区,在制度环境方面表现突出,远远高于其他两类国家高新区,创新主体能力、科技创新成果产出和成果转化能力较弱,低于其他两类国家高新区,而经济环境、文化环境、组织协调能力、智力投入和财力投入高于产业驱动型国家高新区而低于组织协调型国家高新区;产业驱动型国家高新区,在科技创新成果转化方面表现卓越,几乎是环境支撑型国家高新区的2倍,同时也高于组织协调型国家高新区6个分值,但在经济环境、文化环境、组织协调能力、智力投入和财力投入方面却较低,均低于其他两类高新区,尤其是组织协调能力,更是低于平均指数(图5-5)。

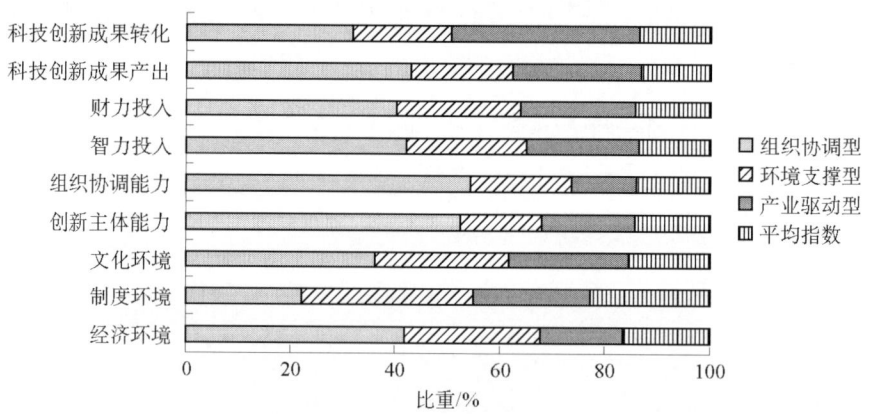

图5-5 三种典型模式国家高新区创新能力结构二级指标比较

5.2.3 综合能力比较

从综合能力来看，组织协调型国家高新区综合创新能力相对较强，北京中关村、武汉、成都、西安、长沙、合肥等6个国家高新区分别位列53个国家高新区的第1、3、4、6、8、11位，前10位国家高新区中占有5席，6个高新区的综合创新能力平均水平是其他两类国家高新区的将近2倍；环境支撑型国家高新区综合创新能力平均水平相对较弱，不仅远低于组织协调型国家高新区，而且也略低于产业驱动型国家高新区，上海张江、广州、杭州、南京、无锡、苏州、郑州、厦门8个国家高新区，它们分别位列53个国家高新区的第2、7、9、10、13、15、16、17位，位列前10名的有4个，且位次相对靠后；产业驱动型国家高新区综合创新能力平均水平尽管略高于环境支撑型国家高新区，但相较于组织协调型国家高新区相差还较大，深圳、长春和天津3个国家高新区分别位列53个国家高新区的第5、12、14位。

需要特别说明的是，上述对各类国家高新区创新能力各级各项指标的分析，尽管都是基于量化的客观指标，但它仅代表的是某个时期各类国家高新区创新能力的表现。国家高新区的创新能力是个动态的发展过程，它会随国内外经济技术条件、国家投资政策的地区或产业倾斜的不同而显示出不同的比较结果，但这并不影响作为决策者决策的基本依据。

5.3 三种典型模式形成路径与形成条件

各类国家高新区在开展创新活动过程中，由于地理位置、经济基础、资源禀赋、政策导向、社会文化等方面的差异，其创新能力形成的条件和路径也会有所不同。同时，高新区创新能力作为一个有着内在结构的动态过程，各分项指标间的相互作用关系，也蕴含着高新区创新能力形成的路径模式与基本条件。本节依据上述三种典型模式国家高新区的能力结构特点，结合各类国家高新区创新资源条件与组织运行特征，将能力结构与形成模式进一步匹配，探寻三种典型模式国家高新区创新能力形成的路径模式与基本条件。

5.3.1 组织协调型国家高新区创新能力形成路径与形成条件

1.形成路径

组织协调型国家高新区包括北京中关村、武汉、成都、西安、长沙、合肥，分析总结这些国家高新区的创新资源、组织运行及创新成果情况（表5-2），我们可以发现，它们具有如下几个基本特点：一是园区具有丰富的头脑资源，有较为先进的技术源头，即富足的优质科教资源，6个组织协调型国家高新区所拥有的大学和研究院所数远远高于53个样本高新区的平均值，占53个样本高新区总数的40%多，且都有不同程度的增加；二是灵活有效的激励机制和体制环境，有利于激励科研人员带着科技成果创业，6个组织协调型国家高新区所拥有的包括技术转移机构、生产力促进中心和科技企业加速器等在内的中介组织数均远远超过53个样本国家高新区的平均值，占53个样本高新区总数的将近40%，拥有的国家大学科技园和产业技术创新联盟等高端产学研协作组织也都远远超过53个样本国家高新区的平均值，分别占53个样本高新区总数的41.3%和56.6%；三是高新技术企业家多由科技人员"下海"或毕业大学生、研究生、海外留学归国人员创业演变而成，高新技术企业发展快、数量大，6个组织协调型国家高新区所拥有的高新技术企业数占53个样本高新区总数的一半以上；四是高新技术企业多由高校和科研院所衍生，具有很大的内生性、根植性，外资科技企业（尤其是制造业）比重相对较小，

表 5-2 组织协调型国家高新区创新资源、组织运行及创新成果情况

组织协调型国家高新区	大学和科研院所数家		高新技术企业数家		中介组织数家		大学科技园数家		产业技术创新联盟数家		科技活动人员数/人		当年专利授权数/件		新产品销售收入/百万元	
	2011年	2013年	2011年	2013年	2011年	2013年	2011年	2013年	2011年	2013年	2011年	2013年	2011年	2013年	2011年	2013年
北京中关村	183	248	5 141	7 005	48	72	10	11	61	149	301 240	411 088	12 951	22 308	34 051	40 704
武汉	101	108	424	698	21	27	3	3	21	39	83 562	112 656	4 634	8 501	13 154	22 604
成都	48	57	669	665	71	83	0	0	65	75	67 540	77 656	3 145	6 838	11 558	18 843
西安	65	73	748	802	15	15	2	2	18	24	71 718	87 818	3 324	6 771	8 399	10 282
长沙	205	207	425	351	23	33	2	2	18	17	41 401	54 609	2 090	2 995	8 452	12 441
合肥	55	59	282	454	20	27	1	1	5	17	33 449	54 595	2 792	5 085	7 035	8 444
组织协调型高新区总计	657	752	7 689	9 975	198	257	18	19	188	321	598 910	798 422	28 936	52 498	82 649	113 318
53个样本高新区总数	1 483	1 859	16 067	19 297	508	697	41	46	346	567	1 621 927	2 275 675	82 019	141 774	313 851	420 937
53个样本高新区平均数	28	7	303	364	10	13	1	1	7	11	30 602	42 937	1 548	2 675	5 922	7 942
组织协调型高新区所占比例/%	44.30	40.45	47.86	51.69	38.98	36.87	43.90	41.30	54.34	56.61	36.93	35.09	35.28	37.03	26.33	26.92

并由学、研向产业延伸，形成知识创新与技术创新的协同，以自主研发为主，6个组织协调型国家高新区所获得的专利授权数占53个样本高新区总数的将近40%，且在迅速增加，显示出强大的自主创新能力。

结合组织协调型国家高新区区域创新资源条件及其组织运行特征，依据其创新能力动态结构特点，我们可以将组织协调型国家高新区创新能力的形成路径模式归纳总结为研究-发展-生产路径模式，如图5-6所示。具体而言，组织协调型国家高新区是一种依托本地高校、科研院所等丰富的科技创新资源，以体制机制创新为先导，以高校和科研院所为母体和凝聚源，以输送高技术人才和科技成果转化衍生创新型企业、吸聚高端企业和高端海内外创新型人才、衍生并吸聚科技创新中介服务机构和金融服务机构为特征，形成知识产出和技术产出，产生新产品，创造新产业，从而形成园区创新能力的路径模式。

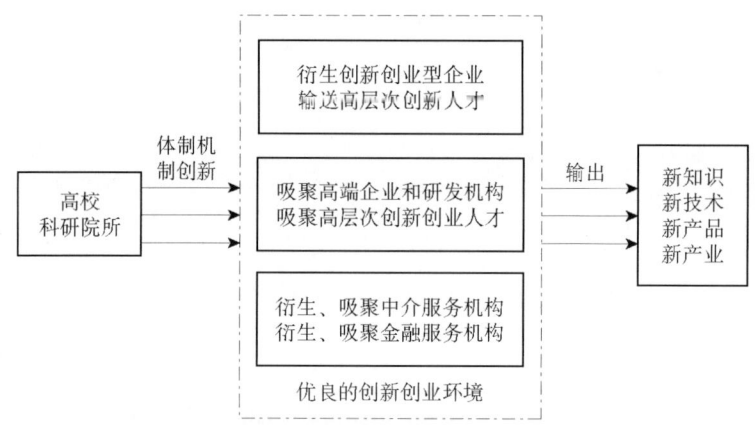

图5-6　组织协调型国家高新区创新能力形成路径模式

2.形成条件

以北京中关村和武汉东湖国家高新区为例，分析总结组织协调型国家高新区创新能力的形成条件，主要有以下几个方面。

（1）丰富的优质科技创新资源。以北京中关村为例，北京中关村是我国乃至世界科教研究资源最为密集的区域，拥有以北京大学、清华大学为代表的高等院校 40 余所，以中国科学院、中国工程院为代表的国家（市）科研院所 206 所，拥有国家级重点实验室、工程（技术）研究中心 122 家[117]。武汉东湖拥有以武汉大学、华中理工大学为代表的 42 所高等院校，56 家中央及省属科研院所，33 个国家重点实验室和工程技术研究中心，8 个国家级企业技术中心。这种得天独厚的优质科教研究资源，就像一个巨大的孵化器和磁力场，为创业者带来了源源不断的创业原动力，对投资者形成了巨大的诱惑力和吸引力，因为它既可以通过高校和科研院所的科技成果转化不断繁衍出一批批创新创业型企业，如中科院的联想和曙光、北大方正和北大青鸟、清华紫光和清华同方等，也可以为园区企业的科技创新与产业化输送大量高层次科技创新人才；既可以将海内外高端人才、科技、信息、资金等创新资源凝聚过来，也可以将跨国公司、风险投资等相关企业或机构等创新组织要素吸聚过来，为园区创新能力源源不断地形成集聚有利因素。例如，荷兰飞利浦公司与武汉邮电科学院合作在东湖合资建设光纤光缆厂就是一个典型。

（2）顺畅、灵活有效的多样化技术转移途径。密集的高校和科研院所有大量的科研成果需要转化。技术转移不是简单的技术交易，不能一劳永逸，需要提供后续的技术支持，才能更好地实现技术转移的经济价值，这就需要转移渠道和平台。北京中关村和武汉东湖的实践均表明，最有效、最成功的技术转移途径就是创业，包括高校和科研院所衍生企业或高校、科研院所的科技人员和大学毕业生通过转化科研成果创业。据统计，东湖高新区企业 85%以上的原始科研成果、80%的创业人员、90%的科技骨干均直接来自区内高校和科研院所。除此之外，产学研合作办公室、产学研合作研发实验室或研发中心、技术转移中心、产业联盟、产业加速器、大学科技园等均是技术转移的有效途径和平台，可以有效利用和整合园区丰富的科教资源，使官、产、学、研、介实现有效对接，如北京中关村开放实验室联盟、科技租赁公共技术服务平台等，中科院与摩托罗拉公司合作创设的"先进人机通信技术联合实验室"、贝尔实验室与北京大学合作创设的"软件技术联合实验室"等，以及武汉东湖高新区由政府、高校和科研院所，以及企业联合建设的国家光电实验室、生物技术研究院等。

（3）多元化的投融资体系，尤其是新创高技术企业需要的种子资金——风险投资。科研成果转化具有高风险性和收益的不确定性等显著特征，由科研成果转化衍生的新创企业或中小型战略性创新型企业获得商业银行贷款支持的难度较大，因此资金对于高新技术企业的成长意义十分巨大。在中关村，除了聚集天使投资、股权投资、创业投资、小额贷款机构、商业银行专营机构、科技保险机构、证券公司等各类金融服务机构服务于高新技术企业外，还针对创新创业型企业，特别开展知识产权质押贷款、认股权贷款、并购贷款和信用贷款等特色金融服务和金融产品创新，形成了政府资金与社会资金、创业投资与产业投资、直接融资与间接融资有机结合的多元化的投融资体制，建立起了科技金融的对接服务机制。另外，武汉东湖也形成了由创投机构、金融服务机构、担保机构、小额贷款公司等构成的多元化投融资体系。

（4）良好的创新创业环境和氛围。首先，体制机制创新是组织协调型国家高新区创新能力形成的先导。以北京中关村为例，中关村的自发发展首先应归功于中共中央的科技体制改革，尤其是在科技运行机制方面的"放活科研机构、科技人员"和"稳住一头"（稳定支持国家基础性、战略性重大研究项目）、"放开一片"（放开直接为经济社会发展服务的研究机构），以及科研院所转制、建立面向企业尤其是中小企业的技术创新服务中心等政策措施[48]，直接掀起了中关村科技人员创办高新技术企业的热潮。武汉东湖在其发展过程中,也是大胆先行先试,在体制机制创新方面,开创了全国高新区的许多个第一,如创办第一家科技企业孵化器,改造成立第一家民营股份制企业,创办第一个知识产权示范区,等等。正是这种先行先试、敢为天下先的体制机制创新精神,使各种创新要素的活力竞相迸发,使各种形成创新能力的源泉不断涌流。

其次,创新文化是园区创新能力形成和快速成长的持久动力。例如,著名高校林立的北京中关村,在"科学民主,与时俱进"核心理念的基础上,逐渐形成了以青年人为主的科技精英们"勇于创新、不惧风险、志在领先"的创新精神,"学习明礼、诚信守法、团结友善、敬业奉献、鼓励创业、容忍失败"的社会风气,以及近些年来逐渐形成的类似美国硅谷的 PUB 文化以及由此而建立起来的广泛而活跃的人脉网络,使得年轻人的创新意识和热情在相互交流中得到不断强化和发展。正是这种创新文化使得中关村在一波波技术和产业浪潮中,积极承担探路者的角色,在重点领域和关键技术上不断寻求突破,已经成为我国培育和发展战略性新兴产业的策源地,成为全球仅次于硅谷的第二个创新中心[118]。同样,武汉东湖"鼓励冒险、宽容失败、诚信大气、创新有为"的光谷文化定位,以及"鼓励创新,敢为人先、宽容失败、追求卓越"的光谷精神,也不断缔造着光谷的辉煌。

5.3.2 环境支撑型国家高新区创新能力形成路径与形成条件

1. 形成路径

环境支撑型国家高新区包括上海张江、广州、杭州、南京、无锡、苏州、郑州、厦门 8 个高新区,分析总结这些国家高新区的创新资源、组织运行及创新成果情况(表 5-3),我们可以发现,它们具有如下几个基本特点:一是园区对外开放程度较高,外向型经济和市场经济发达,与海外联系紧密,8

个环境支撑型国家高新区 2013 年外商实际投资额除了广州、郑州和厦门外，长三角 5 个高新区远远超过 53 个样本高新区的平均值，非公有制从业人数比例除南京高新区略高于 53 个样本高新区平均值外，其他高新区都远远高于平均值；二是园区具有与海外创新资源对接的体制和机制、载体和环境、资本和人才，创新能力生成快，8 个环境支撑型国家高新区除广州和苏州外，其他 6 个高新区的专利授权数均远远高于 53 个样本高新区的平均值，且增长迅速，新产品产值除无锡略有下降外，其他高新区都有较大幅度的上升；三是高新技术企业、技术多由外部引进，具有较大的外生性，根植性相对较弱，特别是高新技术产业制造业外资比例较大，因此环境支撑型高新区所拥有的高新技术企业数量除上海张江、广州和杭州超过平均值外，其他高新区都未达到 53 个样本高新区的平均值；四是由外生转为内生，由产业向学、研延伸，形成技术创新与知识创新的协同，引进为主、自主研发为辅，8 个环境支撑型高新区使用外商实际投资额数量都在大幅度减少，大学和研究院所数、科技活动人员数、专利授权数和新产品销售收入都在迅速增加。

结合环境支撑型国家高新区区域创新资源条件及其组织运行特征，依据其创新能力动态结构特点，我们可以将环境支撑型国家高新区创新能力的形成路径模式归纳总结为引进-生产发展-研究路径模式，如图 5-7 所示。具体而言，环境支撑型国家高新区是一种立足本地区位优势、政策优势及其坚实的经济基础，以全球产业和服务资源转移为契机，以强力吸引高技术外资企业尤其是著名跨国公司入园，并通过营造良好的创新创业环境鼓励园区创业，快速形成产业聚集为基本特征，以借助跨国公司连接全球创新链对引进技术消化吸收进行二次创新，进而对传统产业进行改造、快速形成创新能力为目的的路径模式。以上海张江和无锡、苏州等国家高新区为例。上海张江与无锡、苏州又有所区别，上海作为中国的经济、商贸中心和国际大都市，它是

表 5-3 环境支撑型国家高新区创新资源、组织运行及创新成果情况

环境支撑型国家高新区	外商实际投资额/百万美元		非公有制从业人数比例/%		大学和研究院所数家		高新技术企业数家		科技活动人员数/人		R&D经费内部支出/百万元		当年专利授权数/件		新产品销售收入/百万元	
	2011年	2013年	2011年	2013年	2011年	2013年	2011年	2013年	2011年	2013年	2011年	2013年	2011年	2013年	2011年	2013年
上海张江	1 463	178	0.74	0.77	19	32	705	1024	90 299	167 327	799	2 648	3 385	6 400	11 898	20 984
广州	263	26	0.87	0.80	46	47	796	885	81 094	107 645	1 101	949	3 657	5 731	5 540	6 178
杭州	369	81	0.75	0.84	80	93	570	503	61 374	67 219	694	1 133	3 603	4 571	4 721	8 456
南京	1 038	170	0.65	0.61	39	53	239	307	35 328	55 180	335	499	1 260	2 661	7 541	13 951
无锡	1 358	104	0.94	0.95	21	24	200	273	30 774	42 319	382	358	2 553	4 703	17 380	16 218
苏州	1 020	91	0.94	0.93	16	18	184	277	27 577	35 260	520	465	2 716	3 713	8 168	9 620
郑州	126	40	0.77	0.63	3	7	115	152	20 966	73 502	133	1 215	1 156	2 203	3 179	5 648
厦门	212	27	0.97	0.92	30	30	250	293	14 727	23 586	146	431	526	1 335	5 889	7 643
环境支撑型高新区总计	5 849	717	6.63	6.45	254	304	3 059	3 714	362 139	572 038	4 110	7 698	18 856	31 317	64 316	88 698
53个样本高新区总数	12 282	2 655	31.72	32.13	1 483	1 859	16 067	19 297	1 621 927	2 275 675	21 008	30 739	82 019	141 774	313 851	420 937
53个样本高新区平均数	232	50	0.60	0.61	28	35	303	364	30 602	42 937	396	580	1 548	2 675	5 922	7 942
环境支撑型高新区所占比例/%	47.62	27.01	20.90	20.07	17.13	16.35	19.04	19.25	22.33	25.14	19.57	25.04	22.99	22.09	20.49	21.07

高端、强势引进世界著名跨国公司,并借助其直接与全球人才、技术、信息、资本等高端创新资源实现对接,利用本地丰富的科教资源;而无锡、苏州高新区则是借助毗邻上海之优势,承接国际制造业转移,引进国际大型制造业企业到本地建设生产基地,快速实现经济规模化扩张,为创新能力的形成积累资金、人才、技术等。

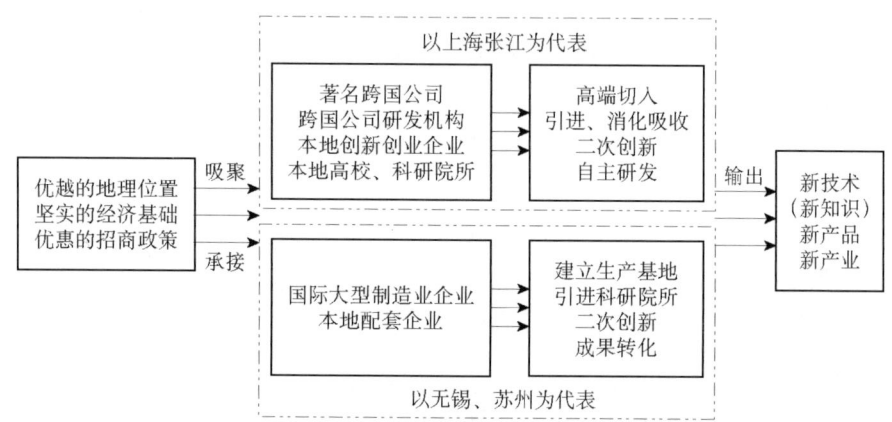

图 5-7 环境支撑型国家高新区创新能力形成路径模式

2. 形成条件

环境支撑型国家高新区与组织协调型国家高新区不同,组织协调型国家高新区走的是以高校、科研院所为母体和磁力源,以知识创新体系推动技术创新体系的开放式自主创新道路,而环境支撑型国家高新区则走的是以引进知名的大型跨国公司为磁力源,以引进技术为主、自主创新为辅的开放式二次创新道路。因此,环境支撑型国家高新区创新能力形成的基本条件,必然也有所不同,它特别强调区位优势、优惠的招商引资政策及坚实的经济产业基础。

(1)优越的区位优势。如前所述,环境支撑型国家高新区都是位于东部沿海地区,因为这里改革开放较早,外向型经济和市场经济相对发达,与海外联系密切，与国际市场接轨较早且互动频繁，在思维方式上或行为习惯上倾向于引进、学习和模仿国外先进技术；同时，伴随外向型经济的深入发展，这些地区的交通通信设施也比较完备，具备一定的科研基础和技术力量以及较坚实的工业基础，有载体和环境强力引进或承接国际产业或服务资源的转移，并结合本地的技术创新来建立和发展高新技术产业，以实现对本地传统产业的改造和升级，实现跨越式发展。具有卓越区位优势的上海毋庸赘述，以苏州和无锡为例，这里不仅毗邻上海，而且具有悠久的工商业发展历史，是我国乡镇企业的发源地，工业基础设施雄厚，基础设施便捷，以承接日本、韩国，以及中国香港、台湾等国家和地区的制造业转移，迅速实现了经济规模的扩张，提升了产业结构高度，汇聚了资金、技术、人才等核心创新资源。

（2）优惠的招商引资政策。以上海张江为例，上海张江为了迅速形成高新区技术企业、人才、资金、技术等高端创新资源的集聚，依托浦东新区先行先试与开发开放的政策优势，借助"聚焦张江"的发展战略，在上海市和浦东新区两级政府的大力支持和严密规划下，高密度、高频率出台各种优惠政策，强势引进世界高端龙头科技企业。据不完全统计，各级政府当时出台的包括土地、财税、人才、公共研发服务、创新资金、知识产权、孵化器和具体的若干产业支持等相关政策就多达 70 余条，使得各种高端要素市场、高校和科研院所、中介服务机构、地铁交通等优势资源迅速集结张江；运用产业链、创新链、服务链向全球招商，吸引与张江重点产业相关的世界著名跨国公司入驻园区，以跨国公司和本地创业企业促进产业集群式发展[119]；然后再以企业需求为切入点，大力引进国内外和本地知名高校、科研院所，以及跨国公司的研发机构，促进产学研协作，加速科研成果转化，培育创新集群。在实施"聚焦张江"战略后，仅跨国公司地区总部数量 2012

年就增至 43 家[120],截至 2013 年年底,园区集聚科技型企业 3 万余家,研发机构 1030 家,两院院士 160 多名,国家"千人计划"人才 202 名,海归人才 2 万多名[121]。

(3) 较好的对引进技术进行消化吸收和二次创新的配套条件。引进的技术,如果不能很好地消化、吸收,并进行二次创新,就不能真正形成园区自己的创新能力,充其量就是外国公司的一个加工制造基地即飞地而已。国际实践经验表明,世界各经济体对技术都是封锁或垄断的。因此,对引进来的技术,必须要有完备的消化吸收和二次创新的配套条件。一是需要有相应的配套资金。例如,上海为鼓励企业对引进技术进行消化吸收与二次创新,对列入《上海市引进技术的吸收与创新年度计划》的项目,则给予项目 20%研发总投入的配套资金资助,最高金额可达 300 万元;对列入"中国鼓励引进目录"的技术并开展消化吸收和自主研发的项目,经认定后则可给予该项目 20%研发总投入的配套资金资助,最高金额可达 100 万元[122]。二是需要有相应的配套科教资源及人才,有效承接技术引进、外溢,培育本土创新创业主体。例如,上海张江国家高新区围绕主导产业,在园区内集聚一大批国家级、省市级公共研发机构和国内外知名高校。三是建立产学研一体化协作机制,实现由引进向自主研发转变。例如,无锡国家高新区先后与中科院、东南大学、南京大学、南京理工大学、无锡轻工业大学等国内十多所高校和科研单位携手合作,实现了由制造向研发、设计等产业链高端转移,成功建立起了光伏、物联网等新兴产业。四是积极建设各类公共服务平台,为引进来的各类创新资源的有效整合提供全方位的服务。例如,上海张江国家高新区每年拿出 25 亿元(目前已增加至 33 亿元)支持园区各种公共技术服务平台建设。目前,张江各个分园拥有公共服务平台 230 多个,其中 80%以上是"张江专项资金"资助建设的[121]。

5.3.3 产业驱动型国家高新区创新能力形成路径与形成条件

1. 形成路径

产业驱动型国家高新区包括深圳、长春、天津滨海 3 个高新区，分析总结这 3 个国家高新区的创新资源、组织运行及创新成果情况（表 5-4），我们可以发现，它们具有如下几个基本特点：一是将引进技术与研发力量和兴办企业同步考虑，形成以企业为核心的技术创新体系，深圳高新区所拥有的大学和研究院所数 55 家，长春高新区所拥有的大学和科研院所 72 家，长春和深圳高新区 2011 年、2013 年新产品销售收入分别稳居 53 个样本国家高新区的第 2 位和第 5 位，显示出了以企业为核心的技术创新体系所产生的巨大的科技成果产业化能力；二是由产业发展向发展研究延伸，形成技术创新与知识创新的协同，3 个环境支撑型国家高新区的科技活动人员数和 R&D 经费内部支出都在稳步增加；三是自主开发与引进并重，强调自主知识产权，如深圳高新区的专利授权数 2011 年和 2013 年都稳居 53 个样本国家高新区的第 2 位，天津滨海新区的专利授权数也有大幅度的增长。

结合产业驱动型国家高新区区域创新资源条件及其组织运行特征，依据其创新能力动态结构特点，我们可以将产业驱动型国家高新区创新能力的形成路径模式归纳总结为对外引进与自主开发并重基础上的引进-生产发展-发展研究模式，如图 5-8 所示。具体而言，产业驱动型国家高新区创新能力形成路径模式，是一种由产业高端转型驱动而形成的创新能力形成路径模式，即在大力发展高新技术产业战略驱动下，通过营造自由宽松的创新创业环境，迅速吸聚海内外或本地科技人才、科技成果、知名高校及科研院所，搭建科技商务平台，汇聚海内外或本地研发机构，建立以企业

表 5-4 产业驱动型国家高新区创新资源、组织运行及创新成果情况

产业驱动型国家高新区	大学科研院所数/家		高新技术企业数/家		园区中介组织数/家		大学科技园和产业技术创新联盟数/家		科技活动人员/人		R&D经费内部支出/百万元		当年专利授权数/件		新产品销售收入/百万元	
	2011年	2013年	2011年	2013年	2011年	2013年	2011年	2013年	2011年	2013年	2011年	2013年	2011年	2013年	2011年	2013年
深圳	53	55	1 358	657	7	7	5	5	84 553	116 220	1 368	1 681	6 381	10 952	14 736	19 626
长春	68	72	99	96	18	18	7	7	17 383	24 545	51	108	365	441	19 010	32 718
天津滨海	7	12	405	443	4	16	6	7	38 114	62 910	497	844	2 471	3 464	8 364	11 663
产业驱动型高新区总计	128	139	1 862	1 196	29	41	18	19	140 050	203 675	1 916	2 633	9 217	14 857	42 110	64 007
53个样本高新区总数	1 483	1 859	16 067	19 297	508	697	387	613	1 621 927	2 275 675	21 008	30 739	82 019	141 774	313 851	420 937
53个样本高新区平均值	28	35	303	364	10	3	8	12	30 602	42 937	396	580	1 548	2 675	5 922	7 942
产业驱动型高新区所占比例/%	8.63	7.48	11.59	6.20	5.71	5.88	5.17	3.10	8.63	8.95	9.12	8.56	11.24	10.48	13.42	15.21

为主体的研发体系，形成大量拥有自主知识产权的新技术、新产品、新产业的路径模式。

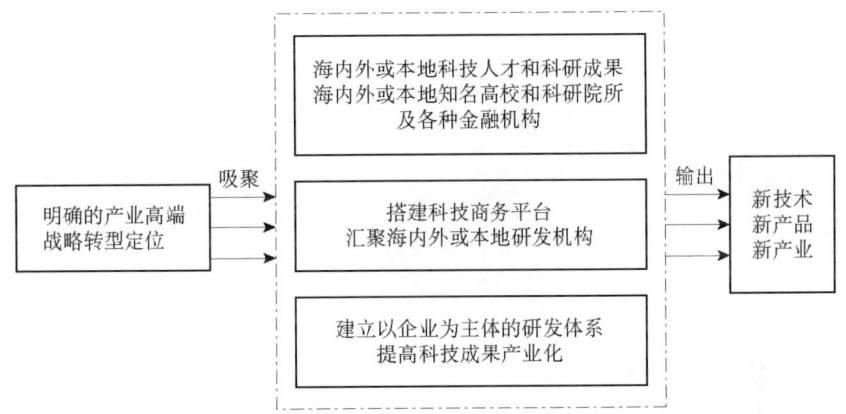

图 5-8　产业驱动型国家高新区创新能力形成路径模式

2. 形成条件

产业驱动型国家高新区与环境支撑型和组织协调型国家高新区不同，产业驱动型国家高新区是通过产业高端战略转型的明确定位，明晰本地发展高新技术产业的优劣势，充分挖掘并利用本地的优势条件，创造汇聚海内外或本地相关创新资源及要素的局域环境，迅速建立起以企业为主体的技术创新体系，发展相应高新技术产业，形成新技术、新产品、新产业的一种模式。以深圳国家高新区为例，产业驱动型国家高新区创新能力形成的基本条件应包括如下几个方面。

（1）明确的产业高端转型战略定位。由于作为海港的特殊优势以及毗邻港澳台的地缘优势，深圳在其发展初期就聚集了一大批"三来一补"（指来料加工、来样加工、来件装配和补偿贸易）的为国外科技企业生产科技下游产品的加工厂。为此，深圳市政府早在 20 世纪 90 年代初就做出了发展高科技、抢占高新技术产业制高点的战略决策。但面对深圳创新基础薄弱、创新资源贫乏等严重不足，深圳国家高新区就通过政策优势强力集聚各类创新资源，创设虚拟大学园，坚持"不求所有只求所用"，与国内外知名高校和科研院所进行合作。例如，早在1985年，深圳市政府就和中科院共同创建了承载科技创新使命的我国第一家科技工业园，致力于科研成果的转化和高级人才的培养。深圳国家高新区始终坚持自主研发、内生发展为主，战略性引进为辅，着力培育本土自主创新企业，形成了一大批具有行业话语权的国际性知名企业，如华为、中兴、腾讯、迈瑞等，创造了我国乃至世界区域性高新技术产业发展的奇迹。

（2）具有一些发展高新技术产业的优势条件。在明确产业高端转型战略定位的基础上，深入挖掘并充分利用本地发展高新技术产业的优势条件，是深圳国家高新区发展高新技术产业、形成巨大创新能力的重要法宝。一是充分利用深圳改革开放先行先试和毗邻香港的区位优势，充分利用香港高等教育密集、金融发达、投资活跃和高端人才聚集的优势，推进深圳香港创新圈建设，加强与香港高校、科研院所和科技园区的合作，促进深港科技、资本、人才流动便利化。二是充分利用本地发达的制造业优势，不断深化与国内外大学和科研院所的合作，加速实现科研成果的产业化，目前园区已拥有数十所院校在深圳的产学研基地；同时作为中国国际高新技术成果交易会的主办地，也集聚了大量的科研成果。三是自由宽松的创新创业环境。作为深圳经济特区之中的"特区"，深圳国家高新区历来也是体制机制改革创新最活跃的地区之一，在"小政府，大社会"的城市管理方式影响下，政府决策链条短，行政审批手续较为简化，办事效率高，政策环境比较宽松，而且较早地按照国际惯例解决了产权制度和分配制度问题，为创业者和企业提供了一个较为自由、宽松的创新创业环境。四是移民的城市文化优势。深圳作为一个移民城市，同时也是一个年轻人比重较大的城市，具有与硅谷相类似的创新文化特点——敢于冒险、勇于创新、宽容失败、追求成功，移民所特有的自我立足和做大事业的心理，以及年轻人所具有的蓬勃向上、勇于开拓、敢于创新、不惧失败的朝气，使深圳具有一种独特的活力，使这里正逐渐成为"创业的热土、成功的家园"。

（3）建立以企业为主体的技术创新体系。产业驱动型国家高新区创新能力形成路径模式的最主要特征就是建立以企业为主体的技术创新体系，这也是深圳国家高新区创新能力形成并快速成长的一个最重要原因。深圳国家高新区在发展高新技术产业之初，就将研发力量与兴办企业同步考虑，深圳市政府与中科院联合创办的我国第一家科技工业园——深圳科技工业园就是典型例证。深圳国家高新区在通过政策优势集聚名校和科研院所的基础上，不断深化以企业为核心的产学研合作，目前已有100多个国家级科研机构为园区企业技术创新提供支撑，较好地解决了科技与经济的结合问题。在深圳，90%以上的研发机构设立在企业，90%以上的研发人员聚集在企业，90%以上的研发资金源自企业，90%以上的职务发明专利源自企业，这四个 90%雄辩地说明了以企业为主体的技术创新体系对深圳构建高新区创新能力形成的卓越贡献。

5.4 小结

高新区创新能力评价的重要功能是分类，分类是为了找出隐藏在数据和排序背后的潜在信息。依据高新区创新能力解构四维理论模型，我们可以看出，高新区创新能力是一个有着内在结构的动态过程，它蕴含着高新区创新能力形成的基本路径模式与条件。因此，本章在对综合创新能力位于平均水平以上的 17 个典型国家高新区创新能力的内部结构动态特点进行深入剖析的基础上，提炼出了组织协调型、环境支撑型、产业驱动型三种典型的我国国家高新区创新能力结构模式，并根据类比跟随原则，确定了其他 36 个国家高新区创新发展的跟随模式；结合三种典型模式国家高新区的创新资源条件与组织运行特征，将其创新发展的能力结构与形成模式进一步匹配，归纳总结出了三种典型模式国家高新区创新能力形成的路径模式与基本条件，为高新区创新能力形成的分类研究与分类指导政策制定提供理论依据。

其中，组织协调型国家高新区创新能力形成的路径模式可以简单地概括为研究-发展-生产模式。基本特点：一是园区具有丰富的头脑资源和较为先进的技术源头；二是灵活有效的激励机制和体制环境有利于激励科研人员带着科技成果创业，企业多由高校和科研院所衍生；三是高新技术企业家多由科技人员"下海"或毕业大学生、研究生、海外留学归国人员创业演变而成；四是高新技术以自主研发为主。基本形成条件：一是丰富的优质科教创新资源；二是顺畅、灵活有效的多样化技术转移途径；三是多元化的投融资体系；四是良好的创新创业环境和氛围等。

环境支撑型国家高新区创新能力形成的路径模式可以简单概括为引进-生产发展-研究模式。基本特点：一是园区对外开放程度较高，外向型经济和市场经济发达，与海外联系紧密；二是园区具有与海外创新资源对接的体制和机制、载体和环境、资本和人才，创新能力生成快；三是高新技术企业技术多由外部引进，具有较大的外生性，根植性相对较弱。基本形成条件：一是优越的区位优势；二是优惠的招商引资政策；三是较好的对引进技术进行消化吸收和二次创新的配套条件。

产业驱动型国家高新区创新能力形成的路径模式可以简单概括为引进-生产发展-发展研究模式。基本特点：一是将引进技术与研发力量和兴办企业同步考虑，形成以企业为主体的技术创新体系；二是由产业发展向发展研究延伸，形成技术创新与知识创新的协同；三是自主开发与引进并重，强调自主知识产权。基本形成条件：一是明确的产业高端转型战略定位；二是充分挖掘发展高新技术产业的潜在优势；三是建立以企业为主体的技术创新体系，凝聚海内外研发资源。

第 6 章 我国国家高新区创新能力提升对策

本章在依据第 5 章三种典型模式国家高新区创新能力结构模式特点，探寻各类国家高新区创新能力提升的潜在优势与制约因素的基础上，依据第 5 章三种典型模式国家高新区创新能力形成的基本路径与条件，提出我国三种典型结构模式国家高新区创新能力提升的差异化对策建议，为我国国家高新区三次创业及战略转型的政策制定提供参考。

6.1 组织协调型国家高新区创新能力提升对策

本节依据第 5 章关于组织协调型国家高新区创新能力结构特点和形成路径与形成条件的分析，结合组织协调型国家高新区创新发展实际，归纳总结出组织协调型国家高新区创新能力提升的潜在优势与制约因素，进而设计并制定出组织协调型国家高新区创新能力提升的对策建议。

6.1.1 潜在优势

依据第 5 章各类国家高新区创新能力结构特点的分析，本书认为组织协调型国家高新区的创新发展具备以下三个方面的潜在优势。

1. 拥有丰富的科教资源

通过定量测度我们发现，组织协调型国家高新区拥有较好的文化环境和较高的创新主体能力、智力投入水平。因为组织协调型国家高新区均位于直辖市或省会城市，科教资源比较丰富，或是国家级科教中心，或是大区级科教中心，或是省级科教中心，或是国家军工科研方面的主要集聚地，这里集中了全国或省内最知名、最具水平的高等院校和科研院所，以及国家、省部级重点实验室、工程（技术）研究中心等，高层次科研人才密集，科技实力相对较强，信息资源十分丰富，接受国内外的信息也较为迅捷。丰富的科教资源，既可以持续地创造出大量高科技创新成果，也可以为园区企业的创新发展源源不断地输送大量高层次人才；既可以通过高校和科研院所的科技成果转化不断衍生一批批创新创业企业，也可以将跨国公司、风险投资公司等相关企业或机构吸聚过来，为高新区创新能力的提升奠定资源基础。

2. 拥有丰富的行政资源

通过定量测度我们发现，组织协调型国家高新区具有相对较强的创新主体能力、组织协调能力和财力投入能力。作为直辖市和省会城市，不但科教资源比较丰富，而且行政资源、经济资源也具有较强的比较优势。园区内的高新技术企业不仅可以享受来自国家、科技部、省、市、区等各级政府给予的优惠政策以及先行先试的政策优势，而且它们对于省级和中央政府的一些重要决定和决策，在捕捉和获取信息方面，更有"近水楼台"之便利，这对高新技术成果的转化和高新技术中小企业的成长以及高新区的资金积累都可以起到至关重要的作用。最重要的是，丰富的行政资源可以调动各方力量组建产业技术创新战略联盟，以实现各创新主体协同创新。通过统计，6个典型组织协调型国家高新区产业技术创新联盟数占53个样本国家高新区产业技术创新联盟总数的56.61%。

3. 具有产学研协作的先天优势

通过定量测度我们可以看出，组织协调型国家高新区的组织协调能力在二级分项指标中尤为突出，是其他两类高新区的3～4倍。因为组织协调型国家高新区的高新技术企业或是由高校、科研院所衍生，或是依托高校和科研院所雄厚的科技资源而创建或吸聚过来的，具有产学研紧密结合的先天优势，便于协作创新、持续创新。例如，由高校、科研院所衍生的企业，一般与原科研单位和高校母体有着密切的资产、技术、人才、设备纽带关系，在成长的过程中可以得到母体多方面的支持，尤其是其雄厚的技术力量的支持。因此，这些企业往往具有科学文化程度高、素质好，对知识创新有较强追求，对校内外、国内外联系广泛，信息资源丰富，政策法规意识较强等优势，从而它们开发出的新技术、新产品相对而言，技术起点比较高、创新性也比较强，并且具有持续的创新能力。能够较好反映产学研协作水平的是国家大学科技园数，6个典型组织协调型国家高新区的国家大学科技园数占53个国家高新区总数的40%多。

6.1.2 制约因素

依据第5章各类国家高新区创新能力结构特点的分析，本书认为组织协调型国家高新区的创新发展具备以下四个方面的制约因素。

1. 有利于企业成长尤其是民营科技企业成长的制度环境尚不完善

通过定量测度发现，制约组织协调型国家高新区创新能力成长的最关键的因素就是制度环境，制度环境评价值远远低于环境支撑型国家高新区。市场经济条件下，创新的主体是企业，企业的本质是市场。组织协调型国家高新区市场化水平不高，直接表现在制度环境方面。要想真正使企业成为创新主体，必须重构企业、市场、政府抑或是企业、市场、高校与科研院所三者之间的关系，以保障企业作为微观经济活动主体的权利和有效性。目前，组织协调型国家高新区均位于直辖市或省会城市，国有企业占有较高比重，国有企业的运行与政府的行政管理关系不清，计划色彩较为浓重。政企不分使国有企业运行的市场动力缺失，技术创新动力不足。结果导致组织协调型国家高新区即便拥有富足的科技资源和较好的经济支撑，但创新产出成果及其转化成效也并不理想。因此，必须重塑企业、市场和政府的新型关系，以适应创新发展的需要。

在重塑企业、市场和政府关系的同时，也需重塑企业、市场、高校与科研院所三者之间的关系。一方面，高校与科研机构的研究开发活动存在着单纯的技术导向倾向，注重技术参数、指标的先进性，但对市场需求和规律缺乏把握，其成果往往不具有市场能力。例如，有的成果技术水平高，但成本也很高，缺乏市场竞争能力；有的成果技术水平高，但达不到产业化生产的要求,这是多年来组织协调型国家高新区创新产出成果和转化水平并不尽如人意的根本原因。因此,必须从战略上尽快确立企业在技术创新体系中的主体地位。另一方面,组织协调型国家高新区的许多科技企业最初都是由高校、科研院所实体发展而来的,可以说,在其发展的过程中,或多或少地受到了高等院校和科研院所母体的无形资产、资本、技术、设备、人员等的支持,然而受当时的环境、制度所限,并没有核定资产及界定产权。随着企业的发展壮大,国家、科研院所(高等院校)、企业集体及创业者、经营者之间的资产关系越来越复杂,各利益主体之间的矛盾也日益突出。产权不清就成了阻碍这类企业向产业化、国际化迈进的核心问题。尽管一些企业推出了自己的产权重组改制的方案,但仍有不少企业被产权问题所纠缠。因此,需要重塑企业、市场、高校或科研院所之间的新型关系,以摆脱科技企业产权问题的羁绊。

2. 科研成果与市场需求结合不紧密

组织协调型国家高新区的科技成果主要源自高校、科研院所的科研机构。由于受传统垂直科技管理体制、机制的制约,科研机构往往只对上级领导部门负责而缺少与社会及企业之间的横向联系。同时,以论文和专著为导向、以学术影响力为核心的不尽合理的科研绩效评价指标体系,以及轻视实践和成果的转化、重视名誉而轻视功利的人生目标和价值理念,使得高校和科研院所的科研人员比较注重理论的研究和论文、专著等科研成果的发表[124],而面向企业、面向市场的专利研究成果和能转化为新产品的科技研究成果并不多,造成科研活动与生产活动脱节,科研成果与市场需求脱节。科研成果一经鉴定验收以后就被锁进保险柜,久睡在资料库内无人问津,以书籍、期刊形式存在的大量理论研究成果也被束之高阁或变成垃圾现象的普遍存在,已然成为一种不争的事实。因此,相对于较高的智力投入和财力投入而言,组织协调型国家高新区的创新成果产出水平并不高，远不及产业驱动型国家高新区的成果产出水平。

3. 科技成果转化渠道不畅

组织协调型国家高新区由于均处于科教资源密集的直辖市或省会城市，高校和科研院所密集，有大量的科技成果需要转化、产业化。然而，通过定量测度发现，组织协调型国家高新区科技成果转化率却较低，远不及其他两类国家高新区，其根本原因就在于科技成果转化渠道不畅，具体表现在以下几个方面。

一是高校和科研机构的研究工作技术层次较高，与市场、企业往往存在一定差距，而且由于研究经费的限制，高校和科研机构的研究成果也只能做到小试，科技成果转化与产业化阶段的投融资渠道不畅，加之对高校和科研院所的研究人员也缺乏创新创业的激励机制，包括不尽合理的科研绩效评价机制和尚未建立起来的利益分配机制，这些都阻滞了通过科研人员的创业来实现科技成果的快速转化通道[123]。

二是企业的科技成果转化积极性不高。一方面是因为很多科技成果并不是直接来自企业的需求；另一方面是因为企业的技术创新主体意识还没有真正确立起来，科技成果转化主体作用发挥不明显，仍停留在对国外现有成熟技术的模仿层面上，热衷于一些短平快的项目，而不愿承担甚至怕承担科创新及科技成果转化带来的风险。

三是科技成果转化市场与服务机构不健全。科技成果转化市场化整体水平较低，在上市、并购、作价入股和质押融资等活动中，专利等无形资产的地位尚未充分体现出来。科技、经济管理与知识产权管理部门间缺乏合理分工，且沟通不畅。一些地方专利管理部门重扶持专利申请、轻促进专利运用。在科技成果转化服务方面，可以说，中介服务机构对加速科技成果的转化具有关键性作用,但在大多数园区内推进科技成果转化的咨询、评估、风险投资等中介服务机构还很不发达,尚未形成真正适应技术转移需要的创新产业化链条。

4.多元化的投融资体系尚未真正建立起来

科技成果转化资金不足是导致组织协调型国家高新区创新成果产出和转化水平不高的一个重要原因。由于体制原因,科研机构和高校不具备将科技成果实现自我转化的资金实力。与此同时,由于科技成果转化的高风险性和收益的不确定性,导致由科技成果转化衍生的新创企业或中小型战略性创新型企业获得商业银行贷款支持的难度非常大,而拥有相对雄厚资金实力的一些大企业,因为要面对承担较高的风险和巨大的压力也望而却步,因此,资金对于高新技术企业的成长意义巨大。在科技成果的转化过程中,企业希望通过政府的相应政策(如建立补偿机制)或者风险投资部门或金融服务中介机构的参与,规避投资风险,降低市场波动带来的损失。可以说,在科技成果的研究开发、中期实验、验收转化,以及实现成果的商品化和产业化的全过程,风险投资的介入与否是科技创新能否成功的关键。如果仅靠政府扶持,也难以满足众多中小企业的发展需求。例如,科技部或地方政府已经出台的火炬计划或科技型中小企业技术创新基金等项目扶植政策,可以说在某种意义上对企业的技术创新和科技成果的转化起到了一定的促进作用,但毕竟政府支持资金额度有限,对于科技创新和科技成果转化所需的巨额资金而言还是杯水车薪。

6.1.3 对策建议

根据对组织协调型国家高新区创新能力提升的潜在优势与制约因素的分析,本书提出组织协调型国家高新区创新能力进一步提升的以下几点对策建议。

1. 创新企业经济运行机制，完善科技企业成长的制度环境

通过定量测度分析，我们发现组织协调型国家高新区企业的构成有两大特点，一是国有及国有控股企业比重较高，二是很多科技企业是由科研院所或高校衍生而来，以技术进步和创新为内在发展动力的经济运行机制尚未充分建立起来。因此，要完善组织协调型国家高新区科技企业成长的制度环境，必须创新企业经济运行机制。

（1）深化企业体制改革，破除科技创新的体制性障碍。科技创新需要现代企业制度为其提供制度保证。由于组织协调型国家高新区的所在地均为直辖市或省会城市，国有企业比重较高。虽然在改制方面已经取得一定进展，公司制的确立正在使国有企业逐步向建立现代企业制度方向发展，但作为受计划经济影响最深的地区，计划经济观念仍有强大的主导作用和惯性，与真正达到以"产权清晰、权责明确、政企分开、管理科学"为基本特征的现代企业制度的要求还有较大的差距。目前，国有企业改制后的公司大多仍旧带有旧体制的痕迹和烙印，如董事长和总经理基本上还是由上级任命或委派，许多政府职能部门甚至还参与公司的决策等。国有企业改制的不彻底，使企业发展的思路、办法和手段基本上还停留在传统计划经济体制的经济运行轨道上，其结果是企业难以摆脱靠国家政策扶持的依赖心理，难以形成企业内部有效促进技术创新的制度保证和激励机制。因此，要提高组织协调型国家高新区的自主创新能力，一是大力推进国有企业产权层面的改革，建立完善的公司治理结构，把自主创新规划纳入企业发展战略；二是建立有效的技术创新报酬和与风险相对称的激励和约束机制，鼓励科技工作者利用老工业基地国有企业生产要素集中，机械、装备制造能力雄厚，以及政策等方面的优势，开展自主创新；三是加快中小国有企业体制转换，积极引进民营资本，激发其自主创新的活力。

（2）大力培植中小民营科技企业发展，激发科技创新活力。在产业创新系统中，中小企业不仅是技术创新的重要源泉、活跃科技市场的基本力量、科学技术向生产力转化的重要桥梁，而且在技术创新中，中小企业比大企业具有更高的技术创新效率。在美国，80%以上新开发的技术是中小企业付诸产业化的。据统计，我国 65%的发明专利是由中小企业获得的，80%的新产品是由中小企业创造的。在市场经济条件下，中小企业是孕育大企业的摇篮。许多大企业都是通过中小企业由小到大、大浪淘沙滚动发展起来的。大家熟知的惠普、微软、戴尔等，以及我国的联想、海尔、华为、中兴等，都是如此。组织协调型国家高新区无论是工业企业数量、从业人员还是工业增加值，国有企业所占比重都明显偏大，中小企业比重较小。因此，在培育和确立组织协调型国家高新区产业创新主体的过程中，中小企业应该是不容忽视的重要部分。

（3）完善知识产权保护制度，解决企业与高校、科研院所之间的产权问题。组织协调型国家高新区建设与发展的重点在于科技成果的转化与产业化。因此，完善知识产权保护制度就成为组织协调型国家高新区建设与发展的核心要素。知识产权保护制度可以保证科技创新成果收益的排他性，给科技创新主体以有效的激励。

首先，通过大力扶植园区各种知识产权代理机构的发展，包括专利事务所、律师事务所、商标事务所及版权代理中心等，便利高校和科研院所与企业科研人员的知识产权相关代理服务。

其次，建立健全知识产权法律保护制度，厘清企业与高校、科研院所之间复杂的产权关系，以法律形式明确、保障产学研各方对企业的占有权和剩余生产的索取权。

最后，积极探索非上市科技企业的股权和产权交易，合理解决科技成果转化收益及其知识产权的归属问题。一是高校和科研院所的知识产权转让应由个人行为转变为单位行为，依法规范企业、高校和科研院所及科技人员在科技创新活动中应当享有的各项权利；二是积极探索高校和科研院所科技成果入股、技术骨干人员股权和期权激励等办法，明确企业、高校和科研院所及科技人员的产权及其收益关系；三是在分配制度上要充分保障科技成果完成人的知识产权转让收益，例如，2014年9月北京市委、市政府颁发的《关于进一步创新体制机制加快全国科技创新中心建设的意见》中明确提出，高校、科研机构科技成果转化所获收益可按70%及以上的比例，划归科技成果完成人以及对转化作出重要贡献的人员所有[124]。

2. 创新科技管理体制机制，促进产学研一体化

组织协调型国家高新区最突出的一个优势就是高校和科研院所密集，有大量的科技成果需要转化，而实现大量科技成果的转化是提升该类园区创新能力最重要也是最便捷的一个途径。实现科技成果转化首先需要解决的就是科技成果与市场需求紧密结合的问题，即产学研紧密结合问题。由于产学研各方所追求的目标和价值观念相左，科技成果与市场需求存在脱节现象，因此需要政府的介入。政府通过深化科技管理体制机制的创新，促进大学与产业界技术的协同创新，以实现知识创新与技术创新的协同，密切科技成果与市场需求的关系，促进产学研一体化，建立科技与经济相互促进的良性循环机制，提升园区的创新产出能力。

（1）创新政府领导管理体制机制，实现各方力量的协调与综合。为了使高校和科研院所的科研成果与市场需求更好地结合，一是加大对科技部门和产业部门间的统筹协调机制建设力度，共同服务于科技经济统一协调发展的总目标。二是鼓励和支持企业与高校、科研院所的工作人员或领导流动交叉任职，增加科技创新供需双方的共性认知，以促进知识创新与技术创新的协同。三是设立产学研协同领导小组和综合办公室，强化组织协调功能。产业协同领导小组由政府相关主管领导、行业协会领导、企业领导、高校领导构成，定期召开领导小组工作会议，负责制定产学研合作发展战略和重大产学研合作项目的推进工作，产学研协同综合办公室负责相关政策的制定和产学研合作项目的申报、遴选、评审工作的组织等。

（2）创新科研绩效评价体制机制，引导科研人员实现价值市场转向。产学研合作是高校和科研院所科技成果转化、产业界获取新技术的重要途径，但"一刀切"的评价体系严重制约了高校和科研院所科研产出的经济社会功能发挥[125]。政府应该根据国民经济发展和社会需求，在充分发挥科研人员对科学技术发展的特殊直觉和判断的基础上，利用科学基金制，把科研人员对科学研究前景的判断与政府决策人员对社会需求的判断紧密结合起来，引导高校或科研院所的研究选题、研究目标和方向，并建立规范、科学的科研绩效评价机制，即对科学研究成果的评价，以根据发表论文的数量和质量为主，转变为以获得发明专利和科研成果产品转化为主，积极鼓励科研人员在市场中实现其价值和取得相应回报。

（3）制定各种鼓励政策，促进产学研各层面合作。一是制定鼓励大学和科研院所开放科教资源的政策，最大限度地整合和利用丰富的科教资源。通过成立"开放实验室联盟""科技租赁公共技术服务平台"，创新"科技租赁"等模式搭建科研基础共享平台，使企业的研发需求与资源供给实现对接；二是制定鼓励大学和科研机构的科技人员进行技术创新、创立科技产业的政策，包括允许教师和科研人员到公司兼职、创办科技公司（学校保留其职位）、向公司转移科技成果等系列优惠政策措施，提高科技人员的创新创业积极性，促进科技成果产业化；三是制定大高校、科研院所和企业通过共同研究、技术指导、技术培训、实训等形式联合培养科技应用型人才的系列支持政策，包括税收优惠和资金投入等政策支持。

（4）建立科学、严谨的产学研合作评价体制，有效引导产学研合作的市场导向。当前，我国并未建立一个适合于促进产学研合作创新的评价指标体系，通行的标准仍然是适合基础研究的评价标准——发表论文（SCI、EI）数量。以论文为导向的科研评价体制，催生的只能是数量庞大的论文，必然导致产学研合作的动力不足，科技合力发挥薄弱。如前所述，高校、科研院所的教师和科研人员比较重视个人的荣誉，进行科研的目的大多是为了出论文、专著，而对科研成果如何应用到实践中去，他们并不是非常重视甚至是漠不关心，以及职称评定体制也没有在科研成果转化方面进行严格要求，这就使得有些教师和科研人员在面向市场、面向实际问题上动力明显不足，导致其成果或许具有较高的科研价值，但是在实际应用方面缺乏可操作性，大量的科研投入换来的是束之高阁的报告。而埋头于技术研究的科研人员，尽管其成果能在生产中迅速发挥功效，但是由于其难以形成较高的学术论文而影响力微弱，既不利于科技的推广传播也不利于这类技术人员的发展。因此，必须建立以发明专利和科研成果转化为主的产学研合作评价体制，以提高园区的创新产出规模和效率。

3. 创新科技成果转化组织、模式，畅通科技成果转化通道

组织协调型国家高新区具有科技成果比较优势，但科技成果比较优势转化为创新产出经济效益，必须在有效的科技成果转化条件下才能实现。组织协调型国家高新区的科技成果优势转化为创新产出优势，需要创新科技成果转化的组织形式和转化模式，畅通科技成果转化通道，提升科技成果的转化成功率，形成产业优势，进而提升园区的创新产出规模和效率。借鉴北京中关村科技成果转化的成功经验，关键是在科技成果转化组织和模式两大方面

畅通科技成果转化通道[118]。

（1）创新组织载体，搭建科技成果转化的平台和桥梁。在科技成果转化的组织载体方面，应该不断创新从事科技成果转化的组织载体。组织协调型国家高新区创新型转化组织载体应主要从高校和科研院所中培育。一方面，积极推进大学科技园、产学研合作办公室的设立，这是促进科技成果转化的最便捷也是最有效的两种方式；另一方面，剥离高校、科研院所中从事科技服务的部门和人员，按照市场机制建立科技中介服务机构，并给予相关政策上的扶持。与此同时，也要加强来自政府和市场的承担科技成果转化服务工作的专业中介科技服务机构的培育，多头并举，形成官产学研介共同促进科技成果转化的良好局面。

（2）创新转化模式，实现科技成果转化与创新资源的有机融合。在科技成果转化模式方面，应该持续创新科技成果的转化与创新资源有机融合的模式。一是从高校与科研院所中孵化创新创业型企业，包括大学与科研院所衍生的企业、大学教授带领学生创办的企业、毕业的学生自己创办的企业等，这是科技成果转化最有效也是最成功的途径。因为通过这种途径转化科技成果，可以及时把高校和科研院所中具有先导性和基础性的科技成果转化成现实生产力，并形成良好的创新创业氛围，使科技成果衍生公司源源不断地产生，同时也使得在市场上获得成功的这类企业在技术上保持与大学和研究机构深厚的渊源关系，这是市场经济条件下一种新型的"大学-企业"关系[120]。二是高校、科研院所与企业联合建立技术研发中心、工程研发中心或联合实验室等研发机构，打通技术供需双方的对接通道，使产学研各方借力、协力共同发展。三是建立产业技术创新战略联盟，在政府的引导下，通过各种契约关系或股权关系协调推动大学和科研院所与产业界的合作，密切政府、高校、科研机构与园区高科技企业之间的联系，加速高校和科研院所的科技成果转化。四是创造弹性股权设计模式，解决技术转移中的不确定性问题，保障各方利益。

4. 创新金融服务、金融产品，建立多元化投融资体系

科技创新及其成果转化存在高风险和收益的不确定性等特征，所以融资困难就成为组织协调型国家高新区创新发展的关键瓶颈。因此，围绕科技成果转化要不断创新金融服务和金融产品，拓展多层次融资渠道，增强园区科技成果转化的投融资能力。

（1）科技企业成长不同阶段的不同需求，提供相应的金融服务和金融产品。针对科技企业成长不同阶段的不同需求，提供相应的金融服务和金融产品，使政府资金与社会资金、直接融资与间接融资、创业投资与产业投资有机结合，从而建立起以政府资金为引导、企业投入为主体、金融服务机构为辅助、社会资本和风险投资为方向的多元化投融资体系[126]，实现科技企业与科技金融的有效对接，缓解科技成果转化的融资难问题。

（2）发展各类金融服务机构，提供特色金融服务和金融产品。大力发展各类金融服务机构，为科技成果转化提供各种特色金融服务和金融产品，以满足科技成果转化的多样化资金需求。包括大力发展创业投资、天使投资、股权投资、小额贷款机构、科技保险机构、商业银行专营机构等各类金融服务机构，深入开展知识产权质押贷款、认股权贷款、信用贷款、并购贷款等特色金融创新产品和金融服务，解决好科技成果顺利转化的资金问题，实现科技资源和金融资本的有机结合。其中，借鉴硅谷银行模式，成立科技银行或在商业银行中成立科技支行，已成为国内一些地区推动科技创新发展的一种有效模式，这种模式是一种"银行+担保+额外风险收益补偿机制"的商业可持续发展模式，即依托政府扶持资金和科技担保机构，降低企业融资成本的同时有效控制风险，并借助政府对基准利率贷款的贴息，确保自身收益。

（3）风险投资专项奖励基金，调动风险投资机构的积极性。风险投资是科技创新的助推器，科技创新离不开风险投资的支持，而目前我国风险投资市场还很不健全、不规范，严重影响了风险投资机构投资的积极性。因此，建立风险投资专项奖励基金，对于调动风险投资机构投资的积极性具有重大意义。建立风险投资专项奖励基金，就是对风险投资或担保机构，根据其投资规模及效益，给予实际投资额一定比例的奖励，这样不仅可降低政府直接投资或担保的风险，而且还会起到四两拨千斤的作用，有效调动风险投资机构的积极性。

6.2 环境支撑型国家高新区创新能力提升对策

本节依据第 5 章关于环境支撑型国家高新区创新能力结构特点和形成路径与形成条件的分析，结合环境支撑型国家高新区创新发展实际，归纳总结出环境支撑型国家高新区创新能力提升的潜在优势与制约因素，进而设计并制定出环境支撑型国家高新区创新能力提升的对策建议。

6.2.1 潜在优势

依据第 5 章各类国家高新区创新能力结构特点的分析，本书认为环境支撑型国家高新区的创新发展具备以下三个方面的潜在优势。

1. 市场经济发达

通过定量测度发现，环境支撑型国家高新区的制度环境遥遥领先于其他两类高新区，这得益于改革开放和经济体制改革之先机，市场经济相对于国内其他地区而言比较发达。我们知道，创新的压力来自市场的竞争，而激烈的市场竞争又进而激发企业的科技创新动力和活力，并不断提高科技创新的产出效率。市场机制是人类社会迄今促进竞争的最有效的制度安排,在激励技术创新方面具有自我组织和自我加强的作用。由此可见,发达的市场经济,不仅可以通过激烈的竞争发挥市场在科技创新资源配置中的决定性作用,大大释放企业家的创新活力,提高企业技术创新的自觉性和主动性,而且统一、开放、竞争有序的现代市场体系,也有利于各种创新要素的流动和优化配置,进而提升企业的技术创新能力。

2. 拥有便捷的海外链接通道

环境支撑型国家高新区主要依托于沿海开放型城市。沿海开放型城市作为全国对外开放的窗口,拥有较好的区位优势和政策优势,海外联系便捷。依托于沿海开放型城市的国家高新区,一方面,可以通过土地、税收等优惠政策和劳动力、区位交通等优势有效地吸引国外技术、资金和人才,迅速建立起新的高新技术产业;另一方面,可以引进高新技术企业特别是跨国公司入驻或投资,直接跨越高新技术的研究、开发阶段而直接进入大规模产品生产和市场开拓阶段,形成高新技术产品的制造能力,以跨国公司的辐射带动力促进园区产业集群式发展;同时还可以借助跨国公司的国际平台链接全球人才、资本、技术等高端资源,融入全球创新链条。

3. 形成了一批具有影响力的产业集群

通过定量测度,环境支撑型国家高新区经济环境支撑能力也高于其他两类高新区。因为这些高新区依托本地坚实的经济基础、发达的市场经济和优惠政策,紧紧抓住全球产业转移和服务资源转移的机遇,在大力吸引高新技术企业特别是著名跨国公司入驻园区的同时,还通过营造良好的创新创业环境鼓励园区创业,引导本地民间投资投向与跨国公司相配套的民营科技企业,加速产业集群的形成,迅速实现了经济规模化和产业规模化扩张。目前,已经形成了上海张江的集成电路制造、无锡的光伏太阳能和物联网等一批在国内外具有较大影响力的特色产业集群。

6.2.2 制约因素

依据第 5 章各类国家高新区创新能力结构特点的分析,本书认为环境支撑型国家高新区的创新发展主要存在以下四个方面的制约因素。

1. 拥有自主知识产权的高新技术核心企业数量偏少

在定量测度中我们发现,环境支撑型国家高新区的创新主体能力较差,远低于其他两类高新区,真正的高新技术企业数量较少。究其原因,环境支撑型国家高新区虽然凭借区位优势和优惠政策,通过吸引外资迅速建立起了一大批在技术方面领先于全国的三资企业,在短时间内缩小了与世界的技术差距,但这些所谓的高科技企业实质上多为生产型企业,相对于传统"三来一补"的劳动密集型加工企业而言,它是资本密集型的,甚至还存在许多劳动密集型、高耗能、高污染、高排放的低端产业,因此,在国家认定过程中,很少能被认定为高新技术企业。由此可见,这种以内嵌式外包和代工为主的技术发展模式,由于过于依赖招商引资对产业的支撑,而相对忽视了外来企业的技术扩散和本地企业对外来技术的消化、吸收,忽视了对拥有自主知识产权的高新技术核心企业的培育,导致园区自主创新能力较弱,园区内企业在关键技术领域拥有的自主知识产权数量偏少、质量偏低,缺乏大量拥有自主研究与开发能力的开发型中小企业,企业整体技术能力仍未摆脱引进技术、模仿和消化成熟技术的发展模式,并未从根本上扭转企业技术落后的局面。同时,跨国公司的投资策略使其技术发展产生了很强的技术依赖与很高的经营风险,并最终可能导致高新区企业技术的低端锁定,从而阻碍高新区转型发展。

2. 产学研合作关系不紧密

环境支撑型国家高新区无论是大学科技园还是产业技术创新联盟数量都

比较有限,产学研合作关系不紧密,这是导致环境支撑型国家高新区创新产出能力差的一个直接原因。就目前总体情况而言,环境支撑型国家高新区的技术引进、技术依赖现象还相当严重,进入园区的科研院所数以及自己培育的工程(技术)研究中心、实验室、企业技术研究中心等科研机构还非常有限,重引进轻培育的现象较为普遍。这种环境支撑型的发展模式,虽然迅速推进了园区经济规模的扩张,但却忽视了对园区拥有自主知识产权的高新技术核心骨干企业的培育。因此,其创新主体能力远远低于组织协调型国家高新区,甚至还不到产业驱动型国家高新区的一半。对拥有自主知识产权的高技术核心企业的培育,需要高校和科研院所的技术和智力支撑,而环境支撑型国家高新区的企业与高校、科研院所的合作关系不甚紧密。这一方面与跨国公司的投资策略有关,另一方面与地方政府和企业急功近利的价值追求也是紧密相关的。产学研紧密协作关系发展的滞后,必然导致企业对引进技术消化吸收能力的不足,接受外资企业的技术溢出效应有限,从根本上无法改变企业技术落后的局面。这直接反映在创新能力各分项指标的表现上,无论智力投入、财力投入,还是创新成果产出、创新成果转化能力都远远低于其他两类国家高新区。

3. 产业集群形成机制先天不足

产业集群形成机制先天不足,这是导致环境支撑型国家高新区创新能力表现不佳的另一个重要原因。环境支撑型国家高新区的产业集群,不是靠产业集群的自主机制和高新技术产业的内在关联机制形成的,而主要是通过招商引资形成的。而在项目引进上,很多高新区重数量轻质量,重引进轻培育,不注意发展本地企业与外来企业的分工协作关系,本地企业与外来企业之间形成互不相连的两种运行轨道,外来企业缺少根植性。由于产业集群形成机制的这种先天不足,导致园区内企业之间缺少横向、纵向联系,这种企业的聚集仅仅是物理空间上的集聚,而未真正形成具有较高产业关联度和紧密协作关系的产业集群,结果必然导致园区产业发展水平不高、关联性不强、高新技术产业链不完善和高新技术产业集群不大。同时,还导致了园区间产业结构趋同现象突出,本书粗略统计,53个国家高新区中,25个高新区产业发展重点都是电子信息产业,在环境支撑型国家高新区中表现得更为明显,对环境支撑型国家高新区的自主创新能力提升和内生式转型发展极为不利。

4. 园区转型升级面临严峻的外部挑战

自2008年国际金融危机以来,欧美国家为了应对经济衰退的影响,扭转经济发展的颓势,纷纷提出以振兴制造业和发展新兴产业为核心的再工业化战略,旨在"抢回"那些流失的传统制造业,通过颠覆性的技术革新对其进行"再造",以巩固其在全球产业竞争中的主导地位。这对环境支撑型国家高新区走过去那种以吸引产业转移为主的发展方式提出了严峻挑战。与此同时,随着我国东部沿海地区人力成本的逐年提高,"中国制造"长期依赖的低劳动力成本的比较优势正在被东南亚新兴国家和市场所取代,而新的竞争优势却尚未形成。由此可见,东部沿海开放型城市的环境支撑型国家高新区的转型升级面临着严峻的外部挑战,可谓是腹背受敌,即前有欧美等发达国家对高端制造业的抢占,后有东南亚等新兴工业化国家对中低端制造业转移的承接。

6.2.3 对策建议

根据上述对环境支撑型国家高新区创新能力提升的潜在优势与制约因素的分析,本书提出环境支撑型国家高新区创新能力提升的以下几点对策建议。

1. 转变发展模式，着力培育拥有自主知识产权的高新技术核心企业

随着我国对外开放的深入和经济发展进入新阶段，环境支撑型国家高新区的政策优势和区位优势空间越来越狭小，通过招商引资、吸引国际产业转移为主的发展模式难以为继。因此，必须转变原有发展模式，实现转型发展，即从招商引资逐渐转向招商引资和自主创新双轮驱动，加大原创性研究投入，注重通过科教资源加强对引进技术的消化吸收和创新，提升产业层级，培育园区本地拥有自主知识产权的高新技术企业，增强内生发展实力。具体而言，环境支撑型国家高新区要通过以下四个转变，着力培育园区的自主创新能力。

（1）转变战略定位，实现园区高端战略转型。从战略定位看，要由过去那种靠招商引资、助推地方或国家经济增长的产业区或工业区形态转变为提升国家和地方自主创新能力的科技园区或创新区形态，实现园区高端战略转型。

（2）转变发展路径，推动园区尽快由要素驱动转向创新驱动。从发展路径看，要由过去那种靠招商引资、承接国际制造业转移发展高新技术产业转变为靠创新创业驱动发展高新技术产业。环境支撑型国家高新区靠外资驱动，基本已实现了企业的规模聚集和经济实力的提升，靠发展产业挣钱来支持和鼓励创新的条件已经成熟，推动园区尽快由要素驱动转向创新驱动。

（3）转变产业形态，向全球产业链高端转移、跃升。从产业形态看，由发展生产型中低端高技术产业制造业转变为发展高端先进制造业、现代服务业和战略性新兴产业，向全球产业链高端转移、跃升。

（4）转变企业类型，增强创新主体能力。从企业类型看，由以吸引跨国大企业集团或公司为主转变为着力培育根植性较强的创新创业型本土中小科技企业和拥有自主知识产权的园区高新技术核心骨干企业为主，增强创新主体能力。

2. 密切产学研协作，加强对引进技术的消化、吸收和再创新

环境支撑型国家高新区引进技术、形成高新技术企业物理空间的集聚并不是最终目的，加强对引进技术的消化吸收再创新或集成创新，提升园区技术的自主创新能力才是园区奋斗的最终目标。一方面，由于跨国公司的投资策略，对中国的投资主要集中于生产制造环节，而处于产业价值链高端的研发设计和品牌营销等环节在中国投资很少；另一方面，由于本地企业的科研能力较弱，加之其短期利益的价值追求，对引进技术的消化吸收能力和再创新能力较弱。因此，环境支撑型国家高新区创新能力水平的提升必须密切产学研协作，提升园区的组织协调能力，采取各种支持和鼓励措施加强对引进技术的消化吸收、再创新或集成创新。

（1）构建中外携手、跨国合作的产学研协作模式，融入全球创新网络。环境支撑型国家高新区应充分利用区位优势和便捷的海外联系优势，立足全球视域构建中外携手、跨国合作的产学研协作模式，使其成为全球创新网络中的一个重要组成部分。一是吸引国际上的大学、研发机构进入园区，通过与园区共建产业研究院，在更广泛的范围内实现技术、人才和知识等资源的高效集成配置，鼓励科研人员创业，促进高科技研发成果当地转化；二是吸引跨国公司的部分研究开发机构、营销中心集聚到高新区，通过组建产学研组织协调机构，加强与本地高校和科研单位的高层互访和人员交流，建立科技人才供求信息服务平台等长效联系与合作机制。

（2）鼓励各种层次的产学研协作，强力推进引进消化吸收再创新。一是鼓励本地企业联合外资企业共同组建研发机构，在基本符合认定的前提条件下，优先推荐市、省、国家级工程（技术）研发中心；二是鼓励企业联合高校、科研院所开展引进消化吸收再创新工作，提升技术集成创新能力，对有明确引进消化吸收计划和目标的项目，并纳入国家、省、市重大科技合作计划项目的,可以采取研发资助、贷款贴息或资本金注入等方式给予支持;三是鼓励企业联合外资企业与高校、科研院所,或者高校、科研院所联合外资企业开展科技交流与合作,对于成立独立研发机构的,可申报各级政府各类科技计划项目;四是加大财力支持力度,制定企业、政府对引进技术项目的消化、吸收配套资金比例,提升引进技术项目的本地化比率。

3. 建立分工协作的产业网络体系,实现产业集群式发展

所谓产业集群式发展,就是根据园区现有产业发展基础和未来产业发展方向,以引进、培育或发展相关配套企业和产业为主,构建分工协作的产业网络体系。产业集群式发展是提升园区创新组织协调能力的另一条重要途径。通过产业集群发展的平台机制、竞合机制、交互学习机制、企业衍生机制和效率提升机制等,形成园区创新能力提升的自组织和自增强机制。

(1)明确园区未来产业发展方向,支持、鼓励产业特色发展。结合园区现有产业基础和科教资源优势,明确园区未来产业发展方向,增强产业发展集中度,支持、鼓励产业特色发展。各环境支撑型国家高新区在发展过程中,由于不同程度上都存在重引进、轻培育和重数量、轻质量的问题,政府缺乏对园区产业发展取向、产业链、产业上下游结合等因素的统筹安排,造成园区上下游产业配套不完善,产业链条短,集聚效应不明显,发展特色不鲜明,园区间产业同质化问题突出。因此,园区应紧密结合本地资源特色和优势与产业发展基础进行特色产业发展定位,积极调整与自身发展相关度较低的产业方向,遏止园区经济盲目扩张,向关联多元化、专业化和特色化转变,以避免高新区之间的低水平恶性竞争。

(2)依据本地结网、分工协作原则,促进产业集群的形成。针对园区现有产业配套能力差、缺少分工协作的现状,积极建立以大中型高新技术核心骨干企业为龙头,通过产业研发设计、生产制造、生产研发服务和品牌营销等环节的细分，衍生出具有紧密分工协作关系和根植性的一批相互关联的企业，同时吸附外界集群企业和发展周边中小企业为其提供配套与服务。由此，不仅可以不断衍生新企业增加企业数量，还可以通过企业间的分工与协作更好地共享信息，发挥协同效应，从而增强企业的根植性和竞争力。

（3）强化产业集群发展平台支撑，增强产业集群可持续发展能力。在优势特色产业领域建立一批工程（技术）研究中心和重点实验室等科技研发和转化平台，建立产业技术创新联盟，形成对特色产业集群产业链延伸、跃升的智力和技术支撑，提高优势特色产业创新创业企业的衍生能力，进而提升园区的组织协调创新能力。

4. 加强产业规划与引导，快速融入全球产业链高端

随着创新全球化的深入发展，环境支撑型国家高新区面临着越来越严峻的外部挑战，要想突破产业发展的低端锁定，必须加强园区的产业规划与引导，快速融入全球产业链高端。

（1）发展生产性服务业，实现园区产业链向高端的跃升。环境支撑型国家高新区中绝大部分都处于生产、加工、装配等全球产业链的低端环节，而全球产业链中的设计、研究开发、品牌营销等产业链高端环节即生产性服务业几乎为国际大垄断公司所控制。因此，要实现园区产业链高端发展的跃升，就必须大力发展、聚集生产性服务业，并与制造业有机融合，以实现在高新区产业价值链向两端延伸的同时，发展高端制造业。大力发展生产性服务业，一是吸引国内外大型企业的研发中心、结算中心、营销中心到园区发展；二是引进大院大所，强化科技成果的研究与开发，建立园区产业研究院；三是大力发展基于网络技术和通信技术催生的新兴服务业，通过紧密生产性高新技术服务业与制造业产业集群的产业联动和价值提升，扩大对高新技术生产制造业产业链条上服务的深度和广度，形成高新技术生产制造业与其高端服务业的协同,从而推动高新区产业链向全球产业链高端跃升。

(2)把握高新技术产业发展规律,大力培育、发展战略性新兴产业。世界经济社会发展规律表明,经济危机往往孕育着新的科技革命。在当前国际金融危机深入影响的背景下,随着全球经济价值链环节分工的日益细化,各种战略性新兴产业和新型业态不断涌现。因此,作为改革开放前沿的国家高新区——环境支撑型国家高新区应把握高新技术产业发展的基本规律,抓住新兴产业和新型业态发展的关键时机,大力培育、发展战略性新兴产业,快速融入全球产业链高端。具体措施:一是直接高端切入,即通过产业信息化、产业技术创新、产业集群等制度安排,推动新能源、新材料、电动汽车、生物育种、新医药和信息产业等高新技术战略性新兴产业发展;二是发展基于计算机现代网络媒体技术和电子通信技术的物联网、互联网和 4G 等新兴服务业;三是发展由高新技术生产制造业价值链衍生和细分出来的研究开发与服务外包、产品设计、品牌营销、知识产权服务、技术贸易服务、测试和咨询等产业。

6.3 产业驱动型国家高新区创新能力提升对策

本节依据第 5 章关于产业驱动型国家高新区创新能力结构特点和形成路径与形成条件的分析,结合产业驱动型国家高新区创新发展实际,归纳总结出产业驱动型国家高新区创新能力提升的潜在优势与制约因素,进而设计并制定出产业驱动型国家高新区创新能力提升的对策建议。

6.3.1 潜在优势

依据第 5 章各类国家高新区创新能力结构特点的分析,本书认为产业驱动型国家高新区的创新发展具备以下三个方面的潜在优势。

1. 工业基础较好，为发展高新技术产业奠定了坚实基础

产业驱动型国家高新区深圳、长春和天津均为工业城市，工业发达，拥有较强的工业实力，具有发展高新技术产业的优势基础：一是具有较强的资本积累，可以为高新技术成果开发和产业化初期提供创业资本支持，一定程度上可以避免产生因创新创业投资不足、风险过大而使高新技术成果难以实现商品化、产业化的问题；二是具有规模化生产制造能力，一旦高新技术成果产业化取得初步成功，相关生产设备得到改造，就可使研发的高新技术产品迅速进入规模化生产阶段；三是积累了一定的管理和市场开拓经验，这种经验如果在发展高新技术产业上得到进一步创新和升华，将非常有利于高新技术产业的成长与发展。因此，对高新技术成果中比较成熟而规模经济要求又较高的领域，在传统企业中实现产业化，不仅可以发挥传统制造大企业的资金和市场优势，而且还可以降低高新技术成果转化的市场和技术的双重风险，这正是产业驱动型国家高新区创新成果产出和成果转化水平较高的根本原因之所在。

2. 高新技术产业发展定位明确、特色突出

产业驱动型国家高新区，一般是都是为了实现用高新技术改造传统产业、调整和升级产业结构或产品结构而诞生的。因此，园区无论是在招商引资过程中，在引智过程中，还是在产业发展投入过程中，目的性都很强，直接表现在创新投入包括智力投入和财力投入水平都较高，不仅仅高于环境支撑型国家高新区，与组织协调型国家高新区也很接近。例如，在园区招商引资过程中，项目和产业的选择目标很明确，一般都是结合地区的区位优势、产业优势和资源优势而开展招商引资工作的，这样有利于引进掌握关键技术的先进科技成果，有利于产业链的形成和延伸，有利于避免园区间产业的低水平同构，有利于做大做强特色高新技术产业，形成一个集资源特色、产业特色和技术特色于一体的高新技术产业化体系，如深圳的通信机器设备制造产业、天津的电子信息技术产业、青岛的蓝色产业、绵阳的军民融合高新技术产业、大庆的石化产业、株洲的轨道交通装备产业等。这些特色产业的形成，对于凝聚特色创新资源、聚焦特色产业发展、提升园区创新能力具有重要意义，这也正说明了为什么在园区创新能力测度中，这些园区的创新产出能力表现不凡。

3. 形成了以企业为主体的技术创新体系

通过定量测度我们发现，产业驱动型国家高新区科技创新成果产出、科技创新成果转化等分项能力均远远高于环境支撑型国家高新区，且在科技创新成果转化能力方面也高出组织协调型国家高新区6个分值，由此可见，产业驱动型国家高新区已经初步形成了以企业为主体的技术创新体系。市场经济条件下，企业作为市场竞争的直接主体，最能敏锐地感知市场需求和竞争条件的变化，并通过产品技术创新等行动予以回应。以企业的主导产品及其经济技术实力为依托，对企业进行产品的更新换代及新技术、新项目的研究开发或引进，是企业创立品牌、形成自主知识产权、保持市场竞争优势的根本保证。以企业为主体的技术研发中心是产业驱动型国家高新区技术开发体系的主要形式。例如，深圳形成了"六个90%"：90%的创新型企业是本土企业，90%的研发人员在企业，90%的科研投入源于企业，90%的专利出于企业，90%的研发机构建在企业，90%以上的重大科技项目发明专利源于龙头企业。

6.3.2 制约因素

依据第5章各类国家高新区创新能力结构特点的分析，本书认为产业驱动型国家高新区的创新发展主要存在以下三个方面的制约因素。

1. 产学研协作网络存在严重缺失

通过定量测度分析可知，产业驱动型国家高新区虽然创新产出能力相对较强，尤其是科技创新成果转化表现卓越，远高于其他两类国家高新区，但其组织协调能力却很弱，低于53个样本高新区平均水平4个分值，各创新行为主体之间的协调运转能力远未形成，产学研协作网络存在严重缺失，缺少产学研协作的高质量的创新创业平台和载体，薄弱的科技创新基础服务能力也难以为企业的技术创新提供有力支撑。园区产学研协作网络的缺失，在很大程度上影响着该类园区高新技术产业发展的走向。从某种意义上讲，这类高新区可以建成一批接受成果转化的高新技术产业，但却很难形成一个拥有大量科研成果的全国性的硅谷型高新区。

2. 高端科技人才资源匮乏

我国的科研人员大多分布在中心城市的高校、科研机构等事业单位，分布在企业的则相对较少。因此，受区位条件所限，尽管产业驱动型国家高新区在引智方面取得了较大成功，这一点从智力投入水平的表现就可看出，但由于其园区高校和大学科技园数均较少，因此园区高层次科技人才队伍特别是顶级层次的高端人才资源较为匮乏，而且在短期内将难以缩小。同时，高层次科技人才管理体制不畅也是导致该类园区科技人才资源相对短缺的一个重要原因。近年来尽管各高新区也相继制定和出台了不少促进高层次专业技术人才队伍发展、加大培养和引进力度的政策措施，但由于存在政出多门、投入不足、分配激励机制力度不够、优惠政策落实不到位、管理服务质量低等诸多现象和问题，而导致人才引进实效不大。

3. 现代产业体系尚未建立起来

产业驱动型国家高新区产业发展以工业为基础，技术基础薄弱，生产服务业发展滞后，现代产业体系远未形成，这也是造成该类园区组织协调能力差的根本原因。而产业驱动型国家高新区现代产业尚未建立起来，主要是因为：一是传统产业大量的资产存量对生产要素的自由流动与整合形成了壁垒，这在某种程度上阻滞了园区高新技术产业的快速成长与发展，使得园区高新技术产业产值比重难以快速提升；二是企业开发具有自主知识产权的核心技术产品的内在动力和能力不足，重引进轻消化、重模仿轻创新的现象在企业普遍存在；三是生产性服务业发展滞后，缺少上下游产业延伸，研发、设计、品牌营销和金融、保险、中介等生产性服务业还很不发达，对高新技术生产制造业难以形成强有力的支撑。

6.3.3 对策建议

根据产业驱动型国家高新区创新能力提升的潜在优势与制约因素分析，本书提出产业驱动型国家高新区创新能力提升的以下几点对策建议。

1. 围绕园区产业高端转型定位，建立以产学研协作为核心的园区创新体系

根据木桶原理，组织协调能力弱是产业驱动型国家高新区创新能力提升的最薄弱环节。因此，产业驱动型国家高新区要想提升创新能力，首先必须围绕园区产业高端转型定位，建立以产学研协作为核心的园区创新体系。

（1）明确产业高端转型定位，引进国内外高校、科研院所。紧紧围绕园区产业高端转型定位，大力引进国内外高校、科研院所及大企业的研发机构，建立以产学研协作为核心的园区技术创新体系，是产业驱动型国家高新区提升其组织协调能力的关键。借鉴深圳虚拟大学园的做法与经验，通过集聚国内外知名院校，为园区创新能力的提升搭建各种创新创业平台，包括搭建实验室平台、设立博士（后）工作站平台、建设大学产业化基地等，不求"所有"但求"所用"，改善科技创新基础服务能力薄弱的局面，为企业技术创新提供支撑。

（2）整合和利用引进高校和科研院所的研发资源，建设高新技术公共支撑平台。整合、利用高校和科研院所的研究开发资源，建设高新技术产业和优势传统产业的专业公共技术平台，支持、鼓励这些高校和科研院所、公共技术支撑平台开展形式多样的技术创新活动，积极申报并承担国家和省、市各级各类科研项目，尤其是关乎园区未来发展的重大科研计划项目。

（3）构建"研中学"的产学研融合模式，加速科研成果转化。通过"校企联姻""所企联姻""企企联姻"，将高校和科研院所的科研优势与企业的规模化生产优势和市场营销优势有机结合，形成产业技术创新联盟，扩展技术合作，提升科研成果的技术水平及应用性，并通过设立产业化基地和专项资金资助等形式，加速科研成果的转化，延伸产业链条，形成产业竞争力。

（4）充分发挥企业的技术创新主体地位，完善以企业为核心的技术创新体系。增强产业驱动型国家高新区组织运行能力的关键是迅速提升企业的技术创新主体能力，激发企业的创新积极性，通过各种税收优惠和政策、资金支持积极推动企业成为技术研发和创新投入的真正主体，通过企业的技术研发需求带动高校和科研院所的引进与协作，实现技术创新体系与知识创新体系的融合，进而培育一批拥有自主知识产权的高新技术企业。

2. 高度重视人才在科技创新中的核心作用，大力培养引进人才

人才资源是高新技术产业发展的第一资源，高新区创新能力提升的关键在人才。产业驱动型国家高新区发展的两大短板：一是缺科研机构，二是缺人才。要想迅速以高新技术改造、提升传统产业，延伸产业链条，提升产业高度，必须重视人才资源的引进与培养，让拔尖科技人才成为产业化的技术源泉，使领袖型科技企业家成为企业和产业的领航人。

（1）建立有效的人才引进机制和激励机制，吸引、留住优秀科技人才。一是园区可以通过出台一些有力的政策措施，营造吸引包括海外人才在内的高级优秀人才的环境和氛围,不断积累园区创新能力提升的人才条件;二是通过分配制度改革,使科技人才的工作及生活条件与国际接轨,让有突出贡献的科技人才得到更多奖励,既包括奖金、股权、期权、分红、年薪等货币形式,也包括无形资产奖励,即让人才拥有更高的社会声望和地位,从而留住人才。

(2)通过产学研结合、校企共建科学研究院等方式培养人才。在吸引、留住人才的基础上,还要通过提供各方面的支持,不断利用引进的科教资源培养人才,通过产学研结合、校企共建科学研究院等方式共同培养园区所需各类人才,同时鼓励各类人才开展创新创业活动,为各类人才进行科研成果转化和创新创业提供各方面的支持。

3. 完善、升级高新技术产业链条,构建现代产业体系

从创新角度讲,构建现代产业体系,就是构建高新技术产业链条上高新技术企业、高校和科研机构、政府、用户、供应商、金融服务机构和中介服务机构之间,以及不同产业链条之间的联系网络,完善、升级产业链条,实现产业结构的优化、升级。产业驱动型国家高新区构建现代产业体系,提升园区的组织协调能力,是为了利用园区产业基础好、工业化进入加速发展期的契机,快速完善、升级产业链条,促进园区的可持续创新与发展。

(1)加大对高新技术产业链缺失环节的招商和培育力度。通过设计针对性较强的招商政策,对高新技术产业链缺失环节重点招商,对高新技术产业链关键配套环节重点投资。例如,对引进的高新技术产业链骨干企业和重大项目,政府相关部门应优先予以政策和资金的支持;对引进的风险投资或担保机构,政府按其投资额及其收益,给予一定比例的奖励;培育和完善骨干企业,鼓励支持企业建立研发机构等,加快推进基于集群的高新技术产业链高效整合,打造核心企业引领发展、中小企业配套发展的优势产业集群;大力引进、创建、培育中小科技企业,针对其规模小、资金不足、管理人才缺乏的局限,促进中小企业战略联盟发展,实现规模经济,提升科技成果转化效率。

(2)构建现代产业体系运行平台和组织载体。现代产业体系的运行平台既要包括完善的现代产业基础设施平台,又要包括便捷的政府服务和融资平台。现代产业体系的组织载体包括从核心企业或企业集团到具有品牌优势和竞争优势的产业集群,更包括具有专业化分工与密切协作的网络组织以及产业技术创新战略联盟。只有构建起完善的现代产业体系运行平台和组织载体,才能通过现代产业体系的不断完善、提升,以实现园区产业链条的快速完善、跃升,才能不断提升园区的组织协调能力,进而不断增强园区可持续发展和创新的能力。

(3)大力发展战略性新兴产业。积极参与国际产业分工,主动切入全球价值链高端,大力发展战略性新兴产业,是产业驱动型国家高新区完善、升级高新技术产业链,构建现代产业体系的一条重要途径。产业驱动型国家高新区具有规模生产和市场营销的优势,一旦抓住某种战略性新兴产业的发展契机,就可迅速实现规模化生产,并快速占领市场,直接切入全球价值链高端。

6.4 小结

通过对各类国家高新区创新能力分项指标测度值对比分析发现,各类国家高新区提升创新能力各具潜在优势与制约因素,我们可以针对其创新能力提升的潜在优势与制约因素,结合各类国家高新区创新能力形成的基本路径与条件,制定其创新能力提升的差异化对策。

组织协调型国家高新区拥有较丰富的科教资源、行政资源,具有产学研协作的先天优势，但有利于企业成长尤其是民营科技企业成长的制度环境尚不完善，科技成果与市场需求结合不紧密，科技成果转化渠道不畅，多元化的投融资体系尚未真正建立起来。为此，组织协调型国家高新区提升创新能力，一是要创新企业经济运行机制，完善科技企业成长的制度环境；二是要创新科技管理体制机制，促进产学研一体化；三是要创新科技成果转化组织、模式，畅通科技成果转化通道；四是要创新金融服务、金融产品，建立多元化投融资体系。

环境支撑型国家高新区市场经济发达，拥有便捷的海外链接通道，形成了一批具有影响力的产业集群；但拥有自主知识产权的高新技术核心企业数量偏少，产学研合作关系不紧密，产业集群形成机制先天不足，园区转型升级面临严峻的外部挑战。为此，环境支撑型国家高新区提升创新能力，一是要转变发展模式，着力培育拥有自主知识产权的高新技术核心企业；二是要密切产学研协作，加强对引进技术的消化、吸收和再创新；三是要建立分工协作的产业网络体系，实现产业集群式发展；四是要加强产业规划与引导，快速融入全球产业链高端。

产业驱动型国家高新区工业基础雄厚，为发展高新技术产业奠定了坚实基础，高新技术产业发展定位明确、特色突出，形成了以企业为主体的技术创新体系，但产学研协作网络存在严重缺失，科技人才资源匮乏，现代产业体系尚未建立起来。为此，产业驱动型国家高新区提升创新能力，一是要围绕园区产业高端转型定位，建立以产学研协作为核心的园区创新体系；二是要高度重视人才在科技创新中的核心作用，大力培养引进人才；三是要完善、升级高新技术产业链条，构建现代产业体系。

第 7 章
结论与展望

本书运用归纳分析与比较分析、规范分析与实证分析、系统综合与系统分析的方法,立足国内外典型高新区创新发展的实践经验,从高新区创新体系结构及运行机理视角,构建了我国国家高新区创新能力四维解构理论模型,阐释了影响我国国家高新区创新能力形成的关键因素,并在对我国53个国家高新区创新能力评价、分类的基础上,阐析了各类国家高新区创新能力形成的路径模式与基本条件,提出了各类国家高新区创新能力提升的差异化对策建议。具体形成如下一些基本研究结论。

(1) 国家高新区创新能力的形成与发展有其自身特殊

的规律。高新区创新能力反映的不是已经实现的某一时间节点上的创新产出水平,而是高新区创新能力形成过程中更基本的决定因素。高新区创新能力是伴随高新区的创新发展和创新体系的运行而形成和发展起来的。本书立足国内外高新区创新发展的成功实践经验,借鉴高新区发展理论、产业集群演化理论、创新系统理论等,认为国家高新区创新发展经历贸易-加工、制造-研发、研发-创业和创业-品牌四个阶段,遵循"要素聚集→专业化发展→产业集群化发展→创新集群化发展"的演化路径,创新驱动、集群发展、网络协同和环境保障是国家高新区创新发展的四大关键实现机制;国家高新区创新体系由系统环境、系统要素、系统网络、系统绩效四部分构成,其中系统环境是系统运行的基础,系统要素是系统运行的基本条件,系统网络是系统运行的本质和核心,系统绩效是系统运行的最终目标,反映了"环境支撑→要素聚集→组织运行→创新投入→创新产出"的国家高新区创新能力形成逻辑;依据国家高新区创新发展路径与实现机制、高新区创新体系结构及其运行机理,借鉴 FP&S 和 M&J 两大国家创新能力理论模型,构建了以组织运行能力为核心的"环境支撑-组织运行-创新投入-创新产出"具有内在动态结构的国家高新区创新能力解构四维理论模型,环境支撑、组织运行、创新投入、创新产出是影响国家高新区创新能力形成的关键决定因素。

(2)构建国家高新区创新能力评价指标体系是科学、准确而又客观评价国家高新区创新能力的基础和前提。本书针对现有评价指标体系中缺乏对园区组织运行机理考量和以经济产出指标代替科技产出指标的不足,依据国家高新区创新能力解构四维理论模型,构建了一个以组织运行能力(包括高新技术企业数、研究院所数、中介组织机构数等创新主体能力和国家大学科技园数、产业技术创新联盟数等组织协调能力)为核心,以专利授权数和新产品销售收入等科技产出指标代替现有评价指标体系中的园区总收入、工业总产值或工业增加值、园区净利润等经济产出指标，包括 4 项一级指标、9 项二级指标、15 项三级指标在内的国家高新区创新能力评价指标体系，突显了国家高新区网络协同创新的本质，反映了园区实际创新产出水平；在此基础上，运用熵值法对我国 53 个国家高新区创新能力现状进行了评价。结果表明，我国国家高新区创新能力总体较弱，且存在巨大差异，北京中关村遥遥领先于其他高新区，东部沿海地区国家高新区的创新能力要高于东北和中西部地区，而中西部地区的总体情况要好于东北地区；各分项创新能力除环境支撑能力略好外，其他各分项能力均较低，尤其是组织运行能力，这说明我国国家高新区发展仍旧尚未摆脱经济增长偏好和依赖外资项目引进的传统发展模式，网络组织协同创新体系远未形成。

（3）国家高新区创新能力评价的重要功能是分类，分类是为了找出隐藏在数据和排序背后的潜在信息。依据国家高新区创新能力解构四维理论模型，我们可以看出，高新区创新能力是一个有着内在结构的动态过程，它蕴含着高新区创新能力形成的基本路径模式与条件。本书在对 17 个典型国家高新区创新能力的内部结构动态特点进行深入剖析的基础上，提炼出了我国国家高新区的组织协调型、环境支撑型、产业驱动型三种典型创新能力结构模式，并结合三种典型模式国家高新区的创新资源条件与组织运行特征，将其创新发展的能力结构与形成模式进一步匹配，归纳总结出了三种典型模式国家高新区创新能力形成的路径模式与基本条件，为国家高新区创新能力形成的分类研究与分类指导政策的制定提供理论依据。其中，组织协调型国家高新区各分项创新能力相对较为协调，组织协调能力和创新主体能力尤为突出，其创新能力形成的路径模式可以简单概括为研究-发展-生产模式，基本形成条件，一是丰富的优质科教创新资源，二是顺畅、灵活有效的多样化技术转移途径，三是多元化的投融资体系，四是良好的创新创业环境和氛围等；环境支撑型国家高新区环境支撑能力相对较强，尤其在制度环境方面更为突出，其创新能力形成的路径模式可以简单概括为引进-生产发展-研究模式，基本形成条件，一是优越的区位优势，二是优惠的招商引资政策，三是较好的对引进技术进行消化吸收和二次创新的配套条件；产业驱动型国家高新区科技创新成果转化能力相对突出，远远高于其他两类国家高新区，其创新能力形成的路径模式可以简单概括为引进、生产发展-发展研究模式，基本形成条件，一是明确的产业高端转型战略定位，二是充分挖掘发展高新技术产业的潜在优势，三是建立以企业为主体的技术创新体系。

（4）通过对各类国家高新区创新能力结构特点进一步分析发现，各类国家高新区创新能力的提升各具潜在优势与制约因素。本书针对各类国家高新区创新能力提升的潜在优势与制约因素，结合各类国家高新区创新能力形成的基本路径与条件，提出差异化的创新能力提升对策。具体而言，组织协调型国家高新区拥有较丰富的科教资源、行政资源，具有产学研协作的先天优势，但有利于企业成长尤其是民营科技企业成长的制度环境尚不完善，科技成果与市场需求结合不紧密，科技成果转化渠道不畅，多元化的投融资体系尚未真正建立起来。因此，本书认为组织协调型国家高新区提升创新能力，一是要创新企业经济运行机制，完善科技企业成长的制度环境；二是要创新科技管理体制机制，促进产学研一体化；三是要创新科技成果转化组织、模式，畅通科技成果转化通道；四是要创新金融服务、金融产品，建立多元化投融资体系。环境支撑型国家高新区市场经济发达，拥有便捷的海外链接通道，形成了一批具有影响力的产业集群；但拥有自主知识产权的高新技术核心企业数量偏少，产学研合作关系不紧密，产业集群形成机制先天不足，园区转型升级面临严峻的外部挑战。因此，环境支撑型国家高新区提升创新能力，一是要转变发展模式，着力培育拥有自主知识产权的高新技术核心企业；

二是要密切产学研协作，加强对引进技术的消化、吸收和再创新；三是要建立分工协作的产业网络体系，实现产业集群式发展；四是要加强产业规划与引导，快速融入全球产业链高端。产业驱动型国家高新区工业基础雄厚，为发展高新技术产业奠定了坚实基础，高新技术产业发展定位明确、特色突出，形成了以企业为主体的技术创新体系，但产学研协作网络存在严重缺失，科技人才资源匮乏，现代产业体系尚未建立起来。因此，产业驱动型国家高新区提升创新能力，一是要围绕园区产业高端转型定位，建立以产学研协作为核心的园区创新体系；二是要高度重视人才在科技创新中的核心作用，大力培养引进人才；三是完善、升级产业链条，构建现代产业体系。

本书形成如下一些主要创新点。

（1）针对创新能力研究注重即成能力分析、轻能力形成机理研究的缺欠，将创新活动条件因素和组织运行因素引入创新能力研究领域，将国家高新区作为创新能力形成的重要组织形式，构建国家高新区创新能力解构四维理论模型，阐明国家高新区创新能力形成机理，为区域层面的创新能力分析和评价研究提供了理论启示。针对创新能力研究注重即成能力分析、轻能力形成机理研究的缺欠，本书立足国内外典型高新区创新发展的成功经验，借鉴高新区发展理论、产业集群演化理论、全球价值链理论、创新体系理论等，以国家高新区创新发展路径与实现机制探索为切入点，立足国家高新区创新体系运行机理，借鉴 FP&S 和 M&J 两大国家创新能力理论模型，将创新活动条件因素和组织运行因素引入创新能力研究领域，探寻影响国家高新区创新能力形成的关键性决定因素，构建以组织运行能力为核心的国家高新区创新能力解构四维理论模型，阐明国家高新区创新能力形成机理，为区域层面的创新能力分析和评价研究提供了理论启示。

（2）针对创新能力评价指标体系研究大都按照系统环境-投入-产出的思

路构建，轻组织运行机理考量和以经济产出指标替代科技产出指标的缺欠，将组织运行指标和科技产出指标引入国家高新区创新能力评价指标体系，构建国家高新区创新能力评价指标体系，突显了国家高新区网络协同创新的本质，反映了园区实际创新产出水平，为科学评价国家高新区创新能力提供了理论参考。针对现有评价指标体系中缺乏对园区组织运行机理考量和以经济产出指标代替科技产出指标的不足，依据国家高新区创新能力解构四维理论模型，并借鉴现有相关评价指标体系，构建了一个以组织运行能力（包括高新技术企业数、研究院所数、中介组织机构数等创新主体能力和国家大学科技园数、产业技术创新联盟数等组织协调能力）为核心，以专利授权数和新产品销售收入等科技产出指标替代现有评价指标体系中的园区总收入、工业总产值或工业增加值、园区净利润等经济产出指标，包括 4 项一级指标、9 项二级指标、15 项三级指标在内的国家高新区创新能力评价指标体系，突显了国家高新区网络协同创新的本质，反映了园区实际创新产出水平，为科学评价国家高新区创新能力提供了理论参考。

（3）针对高新区现有能力评价以排序为目的、忽视分类功能的缺欠，将高新区创新能力作为一个有内在结构的动态过程，在对我国国家高新区创新能力评价的基础上，依据能力结构将我国国家高新区划分为组织协调型、环境支撑型、产业驱动型三种典型结构模式，并将能力结构与形成模式进一步匹配，提炼三种典型模式国家高新区创新能力形成的路径模式和基本条件，为国家高新区创新能力形成的分类研究、能力提升的分类指导提供了理论依据和现实参考。针对现有评价以排序为目的的缺陷，本书加强了高新区创新能力评价的分类功能研究。在对我国国家高新区创新能力现状进行评价的基础上，深入挖掘隐藏在数据背后的大量潜在信息和排序背后的研究对象的本质特征，即基于创新能力结构特点将我国国家高新区划分为组织协调型、环境支撑型、产业驱动型三种典型模式，并结合三种典型模式国家高新区的创新资源条件与组织运行特征，将其能力结构与形成模式进一步匹配，归纳总结出了三种典型模式国家高新区创新能力形成的路径模式和基本条件，探寻各类国家高新区创新能力提升的潜在优势与制约因素，进而提出各类国家高新区创新能力提升的差异化策略，为我国国家高新区创新能力形成的分类研究提供了理论依据，为相关政府部门制定国家高新区分类指导政策提供了现实参考。

作为世界各国和地区有效促进产学研结合、发展高新技术产业的特殊区域，国家高新区创新能力的形成与发展有其自身特殊的规律，由于作者知识水平所限，本书仍存在许多不足和不够深入的地方，这些正是今后进一步研究的方向。

（1）在选取国家高新区创新能力评价指标方面，尚存许多局限。一是由于数据限制，本书舍弃了创新文化和风险资本等反映国家高新区创新本质的一些重要指标，这必将对评价结果的科学性产生一定影响；二是用非国有化水平间接表征园区的制度环境，还不够理想，缺少园区相关政策统计；三是用国家大学科技园数和产业技术创新联盟数表征园区的组织协调能力，尚不全面，缺少产学研合作项目数的统计；四是除了使用所依托城市每百人公共图书馆藏书指标外，没有引进园区外的其他指标。国家高新区作为一个开放系统，与外界是有交互关系的，应该引进一些园区外指标，但哪些园区外指标可以客观、真实地反映而不是放大园区的创新能力，这需要在理论和实践上作进一步的研究和检验。

（2）高新区创新能力既是某个历史时间点上的现实结果，又是一个不断提高的动态发展过程。但由于受数据所限，本书仅对2013年53个国家高新区创新能力进行了综合评价，尽管这并不影响作为决策者决策的基本依据，但它并不能很好地反映国家高新区创新能力今后发展的趋势。因此,应建立动态数据库,跟踪国家高新区创新能力发展,找出其发展变化的基本规律,以更好地把握影响国家高新区创新能力形成过程更重要的关键性决定因素。

(3)在国家高新区创新能力结构模式研究方面,仅归纳总结了组织协调型、环境支撑型和产业驱动型三种典型结构模式,是否存在介于三者之间的混合模式,混合模式形成路径又具有怎样的特点,其创新能力形成应具备怎样的基本条件,与三种典型模式具有怎样的联系与区别,这在理论和实践研究上还有较大的探索空间。

(4)在国家高新区创新能力提升对策研究方面,本书仅分析了三类典型国家高新区创新能力提升的潜在优势、制约因素及其相应对策,而忽略了这三类典型国家高新区创新能力提升的共性因素。三类典型国家高新区创新能力形成、累积、提升的影响因素,既有共性,也有个性。哪些是共性因素、哪些是个性因素,还需作深入细致的研究。

参考文献

[1] 孙万松. 高新区自主创新与核心竞争力[M]. 北京：中国经济出版社，2006.

[2] 科技部火炬中心. 国家高新区发布率先实施创新驱动发展战略共同宣言[EB/OL]. http://www.chinatorch.gov.cn/kjb/yaow/201312/f5afed7c338e47989828a6bc9275ea5f.shtml [2013-11-12].

[3] 王崇锋. 中国高新区战略转型研究——基于产业集群视角[M]. 北京：人民出版社，2012.

[4] 汤志林，殷存毅. 治理结构与高新区技术创新[M]. 北京：社会科学文献出版社，2012.

[5] 陈家祥. 中国高新区创新功能研究[M]. 北京：科学出版社，2009.

[6] 科技部火炬中心. 国家高新技术产业开发区"十二五"发展规划纲要[EB/OL]. http://www.chinatorch.gov.cn/gxq/zcfg/201312/4cc0654e35340ada09b2ce81f951fac.shtm[2013-1-18].

[7] 吴林海. 科技园区研究：一个新的理论分析框架[J]. 科学管理研究，2003，(5): 19-24.

[8] 范柏乃. 国家高新区技术创新能力的评价研究[J]. 科学学研究，2003，21(6): 667-671.

[9] 张克俊，唐琼. 西部高新区提高自主创新能力与促进高新技术产业发展研究[M]. 成都：西南财经大学出版社，2011.

[10] 王峰. 我国国家高新区自主创新能力培育与测度研究[D]. 长春：吉林大学博士学位论文，2010.

[11] 闫国庆，孙琪，陈超，等. 国家高新技术产业开发区创新水平测度指标体系研究[J]. 中国软科学，2008，(4): 141-148.

[12] 肖永红，张新伟，王其文. 基于层次分析法的我国高新区创新能力评价研究[J]. 经济问题，2012，(1): 31-34.

[13] 吴友军，吕小柏，田笑丰. 高新区创新能力评价指标体系构建——基于武汉东湖高新区的分析[J]. 科技情报开发与经济，2014，24(24): 140-146.

[14] 杜海东，严中华. 广东科技园区创新能力建设问题与对策[J]. 中国科技论坛，2009，(1): 46-49.

[15] 张克俊. 国家高新区提高自主创新能力建设创新型园区研究——基于C-I-H耦合互动框架[D].成都：西南财经大学博士学位论文，2010.

[16] 夏亚民. 国家高新区自主创新系统研究[D]. 武汉：武汉理工大学博士学位论文，2007.

[17] 张冀新. 国家高新区创新主体结构及运行机理研究[J]. 经济体制改革，2013，(1): 93-97.

[18] 解佳龙，胡树华. 国家高新区创新系统的结构框架及运行机理研究[J]. 经济体制改革，2014，(2): 97-101.

[19] Castells M, Hall P. Technopoles of the World: The Making of 21st Century Complexes[M]. London: Routledge, 1994.

[20] Cricelli L, Gastaldi M, Levialdi N. A system of science and technology parks for the Rome area[J]. International Journal of Technology Management, 1997, 13(2): 140-152.

[21] Yang C H, Kazuyuki M, Chen J R. Are new technology-based firms located on science parks really more innovative? Evidence from Taiwan[J]. Research Policy, 2009, 38(1): 77-85.

[22] Chang Y C, Lin B W, Hung S C, et al. The influence of geographical knowledge networks on innovative performance: Evidences from the Hsinchu Science-based Industrial Park, Taiwan[J]. International Journal of Entrepreneurship and Innovation Management, 2009,

9(1/2): 84-103.

[23] Basile A. Networking system and innovation outputs: The role of science and technology parks[J]. International Journal of Business and Management, 2011, 6(5): 3-15.

[24] 李琳，兰婷，郑利. 高新区创新网络系统结构模型构建及创新机制分析[J]. 社会科学家，2006，(1): 62-65.

[25] Zhu D, Tann J. A regional innovation system in a small-sized region: A clustering model in Zhongguancun Science Park[J]. Technology Analysis and Strategic Management, 2005, 17(3): 375-390.

[26] 孙万松. 高新区自主创新与核心竞争力[M]. 北京：中国经济出版社，2006.

[27] Kim H M. Science and Technology Park as Regional Innovation Platform: A Case of Chungnam Techno Park, Korea[M]. London: Springer London, 2014.

[28] 郭丕斌，周喜君，王其文. 高新区创新系统的层次性特征研究[J]. 中国软科学，2011，(5): 94-99.

[29] Hung W C. Measuring the use of public research in firm R&D in the Hsinchu Science Park[J]. Scientometrics, 2012, 92(1): 63-73.

[30] 欧光军，孙骞. 基于 SEM 的高新区协同创新体系构建及影响因素探析——以 56 个国家级高新区为例[J]. 工业技术经济，2013，(3): 97-104.

[31] Phillimore J. Beyond the linear view of innovation in science park evaluation—An analysis of Western Australian Technology Park[R]. Institute for Science and Technology Policy, Murdoch University, Murdoch, WA, Australia, 1999.

[32] Zeng S-X. Evaluating innovation capabilities for science parks: A system model[J]. Technological and Economic Development of Economy, 2010, 16(3): 397-413.

[33] 谢永琴. 论我国高新技术产业园区的区域创新网络建设[J]. 科学管理研究，2005，23(4): 9-12.

[34] 李永周，姚姗，桂彬. 网络组织的知识流动结构与国家高新区集聚创新机理[J]. 中国软科学，2009，(5): 89-95.

[35] 刘志春，陈向东. 科技园区创新生态系统与创新效率关系研究[J]. 科研管理，2015，36(2): 26-31.

[36] 埃弗雷特•罗杰斯，朱迪恩•拉森. 硅谷热[M]. 北京：经济科学出版社，1985.

[37] Saxenian A. Regional Advantage: Culture and Competition in Silicon Valley and Route 128[M]. Boston: Harvard University Press, 1994.

[38] 顾朝林，赵令勋. 中国高技术产业与园区[M]. 北京：中信出版社，1998.

[39] Park S-C. Globalization and local innovation system: The implementation of government policies to the formation of science parks in Japan and South Korea[J]. Korea Observer, 2000，(8): 407-447.

[40] Lin C-L, Tzeng G-H. A value-created system of science (technology) park by using DEMATEL[J]. Expert Systems with Applications, 2009，(6): 9683-9696.

[41] Westhead P, Batstone S. Independent technology-based firms: The perceived benefits of a science park location[J].Urban Studies, 1998, 35(12): 2197-2219.

[42] Chen M-H，Wang H-Y，Chang Y-Y. Knowledge sharing, social capital and firm performance in technological clusters of Taiwan Science Parks: An innovation strategy perspective[A] //Management of Engineering Technology（PICMET），2014 Portland International Conference on. Proceedings: Infrastructure and Service Integration[C]. Kanazawa: IEEE，2014: 1040-1054.

[43] Liberati D, Marinucci M, Tanzi G M. Science and technology parks in Italy: Main features and analysis of their effects on the firms hosted[J]. Journal of Technology Transfer, 2015, (3): 1-36.

[44] 沙德春. 硅谷指数与中国国家高新区评价指标体系比较研究[J]. 中国科技论坛, 2012, (12): 74-81.

[45] Fleck J. Learning by trying: The implementation of configurational technology[J]. Research Policy, 1994，(23): 637-652.

[46] Ziman J. Technological Innovation as an Evolutionary Process[M]. Cambridge: Cambridge University Press，2000.

[47] 方玉梅，魏晓文. 科技创新与中国特色社会主义制度研究[M]. 北京：人民出版社，2012.

[48] 方创琳. 区域发展战略论[M]. 北京：科学出版社，2002.

[49] 迈克尔·波特.国家竞争优势（下）[M]. 李明轩，邱如美译. 北京：中信出版社，2012.

[50] Tichy G. Less dispensable and more risky than ever[A] //Steiner A M. Clusters and

Regional Specialization: On Geography, Technology and Networks[C]. London: Pion Limited, 1998.

[51] Ahokangas P, Hyry M, Rasanen P. Small technology-based firms in a fast-growing regional cluster[J]. New England Journal of Entrepreneurship, 1999，(2): 19-26.

[52] European Commission. Regional cluster in Europe[EB/OL]. http://europa.eu.int/comm/enterprise/enterprise_policy/analysis/doc/smes_observatory_2002_report3_de.pdf [2013- 11-08].

[53] Rosenfeld S A. Creating smart systems: a guide to cluster strategies in less favored regions[EB/OL]. http://www.rtsinc.org/publications/EU%20guide. pdf[2013-11-08].

[54] 夏海钧. 中国高新区发展之路[M]. 上海：中信出版社，2001.

[55] 王胜光，程郁. 国家高新区创新发展报告[M]. 北京：中国经济出版社，2013.

[56] 魏心镇，王缉慈. 新的产业空间——高技术产业开发区的发展与布局[M]. 北京：北京大学出版社，1993.

[57] 刘风朝，刘则渊，冷云生. 从企业集群到区域集群——高新技术产业区演化机理研究[A]//产业集群与中国区域创新发展研讨会资料汇编[C]. 北京：中国软科学研究会，2003: 352-359.

[58] 周元，王维才. 我国高新区阶段发展的理论框架[J]. 经济地理，2003，(4): 451-455.

[59] 沈伟国，陈艺春. 我国高新区二次创业的理论内涵与评价体系的构建[J]. 科学学与科学技术管理，2007，(9): 27-30.

[60] 万江红，王孝斌. 网络视角下的产业集群演进路径研究[J]. 生态经济，2010，(11): 121-124.

[61] 王德禄. 自主创新:高新区战略提升[J]. 中国科技财富，2011，(17): 34-35.

[62] 张明龙等. 产业集群与区域发展研究[M]. 北京:中国经济出版社，2008.

[63] Capello R. Spatial transfer of knowledge in high technology milieux: Learning versus collective learning progress[J]. Regional Studies, 1999，(33): 352-369.

[64] 王国红，林影，唐丽艳. 基于生命周期的高技术产业集成路径研究[J]. 科学学与科学技术管理，2010，(8): 113-149.

[65] 王缉慈. 地方产业群战略[J]. 中国工业经济，2002，(3): 47-54.

[66] 张元智. 高科技产业开发区集聚效应与区域竞争优势[J]. 中国科技论坛，2001，(3): 21-22.

[67] 青木昌彦，安藤晴彦. 模块时代——新产业结构的本质[M]. 周国荣译. 上海:上海远东出版社，2003.

[68] Freeman C. Networks of innovators: A synthesis of research issues[J]. Research Policy, 1991, 20(5): 499-514.

[69] Lundvall B A. Technological Innovation and Network Evolution[M]. New York: Routledge, 1995.

[70] Economides N. Network externalities, complementarities, and invitations to enter[J]. European Journal of Political Economy, 1996, 12(2): 211-233.

[71] 吴敬琏. 制度重于技术——论发展我国高新技术产业[J]. 经济社会体制比较，1999，(5): 1-6.

[72] 吴敬琏. 发展中国高新技术产业:制度重于技术[M]. 北京：中国发展出版社，2002.

[73] 夏征农. 辞海（1989年版缩印本）. 上海：上海辞书出版社，1990.

[74] Freeman C. Technology Policy and Economic Performance: Lessons from Japan[M]. London: Pinter Publishers, 1987.

[75] Porter M E. The Competitive Advantage of Nations[M]. London: MacMillan, 1990.

[76] Nelson R R. National Innovation Systems—A Comparative Analysis [M]. Oxford: Oxford University Press, 1993.

[77] OECD. National Innovation Systems [R]. Paris: OECD, 1997.

[78] 张于喆，张义梁. 国家自主创新能力内涵的研究[J]. 经济问题探索，2006，(11): 4-8.

[79] 孙玉涛，刘凤朝. 国家创新能力成长机理研究[M]. 北京：科学出版社，2011.

[80] Furman J L C, Porter M E, Stern S. The determinants of national innovative capacity[J]. Research Policy, 2002，(31): 899-933.

[81] Riddel M, Schwer R K. Regional innovation capacity with endogenous employment: Empirical evidence from the U.S.[J]. The Review of Regional Studies, 2003, 33(1): 73-84.

[82] Archibugi D, Coco A. Measuring technological capabilities at the country level: A survey and a menu for choice[J]. Research Policy, 2005, 34(2):175-194.

[83] Ohmae K. The rise of the region state[J]. Foreign Affairs, 1993, 72(2): 78-87.

[84] Cooke P, Morgan K. The Associational Economy: Firms, Regional and Innovation[M]. Oxford: Oxford University Press, 1998.

[85] Cooke P. Strategies for Regional Innovation Systems: Learning Transfer and Applications[R]. Cardiff: UNIDO Report,2003.

[86] Asheim B T, Isaksen A. Regional innovation systems: The integration of local sticky and global ubiquitous knowledge[J]. The Journal of Technology Transfer,2002,27(1): 77-86.

[87] Lundvall B. National System of Innovation: Towards a Theory of Innovation and Interactive Learning[M]. London: Printer Publishers, 1992.

[88] Patel P, Pavitt K. National innovation systems: Why they are important, and how they might be measured and compared[J]. Economics of Innovation and New Technology, 1994, (3): 79.

[89] Edquist C. System of Innovation—Technologies, Institutions and Organizations[M]. London,Washington: Printer, 1997.

[90] 刘凤朝等. 国家创新能力测度方法及其应用[M]. 北京: 科学出版社,2009.

[91] Cooke P. Regional innovation systems: Competitive regulation in the New Europe[J]. Geoforum, 1992,(23): 365-382.

[92] Cooke P, Braczyk H J, Heidenreich M. Regional innovation system: The role of governance in a globalized world[M]. London: UCL Press, 1996.

[93] Aslesen H W. An Empirical Study of the Innovation System in Finnmark[R]. Oslo: Step Report,1995.

[94] Autio E. Evaluation of RTD in regional systems of innovation[J]. European Planning Studies,1998, 6(2): 131-140.

[95] 黄鲁成. 关于区域创新系统研究内容的探讨[J]. 科研管理,2000,21(2): 43-48.

[96] Cooke P, Schienstock G. Structural competitiveness and learning regions[J]. Enterprise and Innovation Management Studies, 2000, 1(3): 265-280.

[97] Radosevic S. Regional innovation systems in central and eastern Europe: Determinants, organizers and alignment[J]. Journal of Technology Transfer, 2002, (27): 86-97.

[98] 胡志坚,苏靖. 关于区域创新系统研究[N]. 科技日报, 1999-10-26 (第7版).

[99] Graf H, Henning T. Public research in regional networks of innovators: A comparative study of four East German regions[J]. Regional Studies, 2009, 43(10): 1349-1368.

[100] Lecocq C, van Looy B. The impact of collaboration on the technological performance of

regions: Time invariant or driven by life cycle dynamics? An explorative investigation of European region in the field of biotechnology[J]. Scientometrics, 2009, 80(3): 845-865.

[101] Padmore T, Gibson H. Modeling systems of innovation: A framework for industrial cluster analysis in regions[J]. Research Policy, 1998, (6): 625-641.

[102] Cooke P. Regional innovation systems: General findings and some new evidence from biotechnology clusters[J]. The Journal of Technology Transfer, 2002, 27(1): 133-145.

[103] 魏江. 创新系统演进和集群创新系统构建[J]. 自然辩证法通讯, 2004, 26(1): 48-54.

[104] Freeman C. The "national system of innovation" in historical perspective[J]. Cambridge Journal of Economics, 1995, (19): 5-24.

[105] Cooke P, Urange M G, Etxebarria G. Regional systems of innovation: An evolutionary perspective[J]. Environment and Planning, 1998, (30): 27-44.

[106] Cooke P. Regional Innovation Systems as Public Goods[R].Vienna: UNIDO Report, 2006.

[107] 周元, 王海燕, 赵刚, 等. 中国区域自主创新研究报告（2006~2007）——区域自主创新的理论与实践[M]. 北京: 知识产权出版社, 2007.

[108] 楼杏丹, 徐维祥, 余建形. 高新技术产业集群资源整合与区域创新系统关系研究[J]. 科学学与科学技术管理, 2005, (9): 49.

[109] Furman J L, Porter M E, Stern S. The determinants of national innovative capacity[J]. Research Policy, 2002, 31(6): 899-933.

[110] Hu M-C, Mathews J A. National innovative capacity in East Asia[J]. Research Policy, 2005, (9): 1322-1349.

[111] Mathews J A, Hu M-C. Enhancing the role of universities in building national innovative capacity in Asia: The case of Taiwan[J]. World Development, 2007, 35(6): 1005-1020.

[112] 张敦富, 孙久文, 胡铁成, 等. 知识经济与区域经济[M]. 北京: 中国轻工业出版社, 2000.

[113] Bruno A V, Tyebjee T T. The Environment for Entrepreneurship in Encyclopedia of Entrepreneurship[M]. Englewood Cliffs, NJ: Prentice-Hall, 1982.

[114] Malecki E J. The R&D location decision of the firm and creative regions—A survey[J]. Technovation, 1987, (6):205-222.

[115] 刘凤朝, 孙玉涛. 基于三维模型的国家创新能力两步测度[J]. 科学学研究, 2009, (11): 1750-1755.

[116] 科技部火炬中心. 2012 年国家高新区综合发展与数据分析报告（下）[J]. 中关村, 2013, (11): 40-47.

[117] 中关村网站. 示范区介绍[EB/OL]. http://www.zgc.gov.cn/sfqgk/56261.htm [2015-10-09].

[118] 武文生,邵翔,何建. 中关村: 世界第二大创新中心模式初现[J]. 中关村, 2011, 93(2): 60-62.

[119] 陈文丰. 中国国家高新区发展模式解读[J]. 中关村, 2012, (5): 53-55.

[120] 张江在线. 示范区介绍[EB/OL]. http://www.zhangjiang.net/Default.aspx?tabid=152 [2015-10-10].

[121] 上海张江国家自主示范区网站. 张江国家自主创新示范区 以创新竞跑世界[N/OL].http://www.sh-hitech.gov.cn/website/html/ff80808144b224020144b570a4d2004f.html [2014-12-11].

[122] 上海高新技术创新咨询平台. 上海市企业自主创新专项资金[EB/OL]. http://www.innofunds.com.cn/xiangmu/cjzc/36.html [2015-10-10].

[123] 汪锦, 孙玉涛, 刘凤朝. 面向校企合作的中国"985"高校科技发展模式研究[J]. 中国软科学, 2013, (6): 53-61.

[124] 杨舒. 北京科技成果转化收益70%可奖人才[N]. 光明日报, 2014-9-26(第 6 版).

[125] 曹兴, 余亘菲. 大学科技创新与技术创业利益分配模型及其比例研究[J]. 科学决策, 2012, (4): 1-11.

[126] 明星. 中关村: 缔结中国经济新支点[J]. 中关村, 2011, (10): 22-24.

后记

凡走过的路,必留下痕迹。本书是在笔者博士论文的基础上修订而成的。回望本书的写作历程,从起初零星的火花,到篇章框架的形成,再到写作过程中的反复修改、推敲,几经坎坷,几经磨砺,最后呈现给读者。轻松喜悦之中,饱含满心的感恩和感谢!

首先,我要深深感谢恩师刘凤朝教授。多年来,恩师渊博的学识、严谨的学风、忘我的做学问精神,深深地影响着我,给我以感悟、启迪与教诲,让我受益终生。没有寒暑假,没有节假日,甚至没有周末,恩师始终徜徉于学术的殿堂。汗颜之余,使我更加明白如何做学问、如何做事、如何做人。在本书的整个写作过程中,从研究选题到基本研究思路的确定,从篇章结构设计到具体章节目的撰写、字词句的推敲,都得到了恩师悉心而卓越的指导,凝结了恩师大量的心血。恩师栽培之恩,没齿难忘!

其次，感谢在本书写作过程中给予大力支持和帮助并提出许多宝贵意见的老师和同学们，包括胡祥培教授、苏敬勤教授、迟国泰教授、荣莉莉教授、秦学志教授、王前教授、魏晓文教授和宿长海老师等，以及潘雄锋、孙玉涛、马荣康、刘连峰、张娜等同门师兄弟和师妹们。

最后，还要特别感谢科技部火炬中心及相关调研单位的领导和朋友们，以及科学出版社科学人文分社侯俊琳社长、石卉编辑，感谢他们在本书写作和编辑出版过程中给予我的热忱帮助和大力支持。同时在本书写作过程中，参考并借鉴了许多国内外前辈和同仁们的研究成果，文中参考文献标注还可能存有遗漏，在此一并表示由衷感谢。

本书的问世，倘若能对我国科技创新事业的发展略尽绵薄之力，则是我的最大欣慰。但是，系统地研究和阐释我国国家高新区创新能力形成机理，探求其创新能力形成路径模式及基本形成条件，并提出分类指导对策，无疑是一项极富挑战性的工作，限于本书作者的理论水平和写作能力，书中难免存在疏漏之处，敬请各位读者斧正！

停笔掩卷，且行且珍惜。本书写作过程中的种种收获与感悟，都是我人生的宝贵财富。再次衷心感谢所有关心、支持和帮助过我的个人和单位！

方玉梅

2015年12月于翰林观海寓所